Peter Whiteheart
Fit x 4
Schwung und Energie durch das geheime Wissen
der Indianer

Peter Whiteheart

Fit x 4

Schwung und Energie durch das
geheime Wissen der Indianer

Smaragd Verlag

Deutsche Erstauflage Januar 1995
(c) Smaragd Verlag Neuwied
Titelbild Norbert Lösche/Agt. Holl
Satz: DTP-Service-Studio Rheinbrohl
Printed in CZECH - Republic
ISBN 3-926374-38-1

Inhalt

Vorwort

Wenn es Ihnen so geht wie mir, dann stecken Sie voller guter Vorsätze. Alle Leute, die ich kenne, stecken voller guter Vorsätze: Wir alle wollen gesünder leben, gesünder essen, uns mehr bewegen, weniger gestreßt sein, mehr Zeit für uns, unsere Familie und Freunde haben, dynamischer sein, klare Gedanken und gute Ideen haben, ausgeglichen und entspannt sein, kurz: wir wollen uns am Leben freuen und das Beste daraus machen.

Und wenn es Ihnen so geht wie mir und den meisten Leuten, die ich kenne, dann ärgern Sie sich darüber, daß diese guten Vorsätze meistens graue Theorie bleiben. Denn in der Wirklichkeit des Alltags sieht es ganz anders aus: Wir leben ungesund, ernähren uns zu fett und zu süß, bewegen uns zu wenig, sind gestreßt und scheinen für nichts Zeit zu haben - weder für unsere Familie und unsere Freunde, noch für uns selbst -, fühlen uns abgespannt und lustlos, ja manchmal wie automatisch funktionierende Roboter, kurz: wir kämpfen uns durch das Leben, statt uns daran zu erfreuen, und wir geben uns mit dem Ist-Zustand zufrieden statt unser volles Potential auszuschöpfen.

In der fernöstlichen spirituellen Tradition gibt es zahlreiche Methoden, die uns helfen, aus diesem Teufelskreis herauszukommen. Leider sind die Meditationen und Übungen dieser Schulen zeitaufwendig und erfordern ein tiefgehendes Engagement. Ich habe einige dieser Techniken auf Tagungen und Seminaren kennengelernt. Der Ablauf dieser Erlebnisse war jedoch immer gleich: Ich fühlte noch Tage nach dem Seminar ein echtes Hoch, machte alle gelernten Übungen, begeisterte meine Freunde sogar von der neu gefundenen Lebenshilfe. Doch dann, einige Wochen später, übte ich schon weniger regelmäßig, bis ich dann irgendwann aufgab, weil ich mir einfach nicht mehr die Zeit dafür nahm. Ergebnis: Ich fühlte mich frustrierter als vorher.

Durch meine Begegnung mit dem Apache-Schamanen EagleBear entdeckte ich die Techniken der Indianer und fand heraus, daß sie unserem Denken und Handeln näher stehen als die fernöstlichen. Die Übungen, die ich in meinen beiden früheren Büchern *Tate Topa - Der indianische Weg* und *Wiyo Ate - Der indianische Weg zum Neuen Mann* vorgestellt habe, begeisterten mich deshalb, weil sie unser Leben um die Erfahrung der natürlichen Vier Elemente erweitern. Obwohl diese Übungen einfach sind und ein Wohlgefühl hervorrufen, erfordern sie dennoch Zeit. Genau daran mangelt es uns heute - das habe ich in meinen Seminaren mit Teilnehmern aus allen Berufsgruppen und in meinen eigenen beruflichen Verpflichtungen erkannt (Ich werde im ersten Kapitel näher darauf eingehen).
Indianer sind praktische Menschen. Als ich EagleBear auf das Zeitproblem in unserer Gesellschaft ansprach, wies er mich - nachdem er erst einmal unseren selbsterzeugten Zeitdruck ausführlich lächerlich gemacht hatte - in die *Vier Übungen* ein. Diese *Vier Übungen* sind jederzeit und überall ohne extra Zeitaufwand durchführbar. Sie aktivieren die Vier Elemente in uns und erzeugen dadurch innere Harmonie und Wohlbefinden. Ich werde sie Ihnen im ersten Teil des Buches ausführlich vorstellen und Ihnen außerdem einige Tricks verraten, wie Sie Ihre Libido steigern können und dadurch mehr Freude am Sex haben.

Die *Vier Übungen* werden ohne Frage Ihr Leben verändern. In meinem Fall haben sie zu einer gesteigerten Bewußtheit geführt, sie haben meinen Alltag transformiert und mich näher zu dem gebracht, was die Indianer die "Gegenwart" nennen: einen Zustand, in dem du dir der Präsenz der Vier Elemente und damit des Großen Geistes bewußt bist.

Aber es gibt auch Zeiten, in denen wir einen Extra-Energie-schub brauchen, in denen wir unsere Mitte, das heißt unsere Balance verloren haben. Dann sollten wir uns etwas mehr Zeit nehmen. EagleBear hat mir für diese Lebensphasen die *Vier Meditationen* gezeigt. Auch sie sind Übungen mit der Energie der Vier Elemente. Aber sie sind intensiver als die *Vier Übungen.* Sie sollten in der Natur vollzogen werden, damit wir in den Genuß der ganzen Kraft kommen.
Sie sind so stark, daß sie Ihnen helfen:
- sich wieder selbstbewußt und positiv zu fühlen;
- wieder voller Tatendrang und Energie zu sein;
- wieder entspannt und gesund zu werden;
- wieder geistige Spannkraft und innere Ausgeglichenheit zu spüren.

Ich selbst führe die im ersten Teil vorgestellten Übungen täglich durch. Seither fühle ich mich gesund und glücklich. In der Einführung zum ersten Teil des Buches werde ich Ihnen schildern, daß dies nicht immer so war - daß ich jahre-lang ungesund, gestreßt, unausgefüllt und unzufrieden war, bis ich auf den indianischen Weg stieß.

TEIL I

DIE
VIER
ÜBUNGEN

Einführung: Unsere Wirklichkeit

Ich lebte jahrzehntelang ungesund, gestreßt, unausgefüllt und unzufrieden. Ich dachte, Leben müsse so sein:
Du funktionierst und erwirtschaftest dir einige Bequemlichkeiten. Du schaffst dir Dinge an, von denen du glaubst, sie machen dein Leben besser. Du fährst in fremde Länder, weil du dann hinterher scheinbar deinen Alltag wieder besser erträgst (und merkst dann, daß dich der Streß schon am zweiten Tag nach dem Urlaub wieder voll eingeholt hat). Du wechselst deinen Beruf oder deinen Arbeitsplatz, weil du denkst, eine neue Umgebung und eine neue Herausforderung machen dich glücklicher - und bald bist du wieder in der gleichen Tretmühle, nur die äußeren Umstände haben sich ein wenig verändert. Du suchst dir einen neuen Partner oder neue Freunde, oder du brichst sogar den Kontakt zu deiner Familie ab, weil deine ganze innere Unzufriedenheit ja nur dadurch entstand, daß du auf die falschen Menschen "hereingefallen" bist. Und bist dann - in den wenigen ruhigen Minuten, die dir dein Leben läßt,- völlig verzweifelt darüber, daß die neuen Menschen in deiner Umgebung dich auch nicht glücklicher gemacht haben und deine innere Unzufriedenheit immer noch da ist. 'Vielleicht fühle ich mich besser, wenn ich so leben könnte wie Frau X oder Herr Y', schießt es dir dann durch den Kopf. Und du beginnst, dich und dein Leben mit anderen zu vergleichen.
Vielleicht kommst du dann irgendwann zu dem Punkt, wo dir alles zuviel wird, wo du einfach nur noch raus möchtest.

Ich glaube, daß viele Menschen an diesen Punkt gelangen. Und ich glaube, es ist wichtig, in diesem Moment die Wirklichkeit aufmerksam zu beobachten, denn in genau diesem Augenblick ereignen sich Dinge, die unser Leben erneuern. Eigentlich gibt es diese Chancen ständig, aber wir nehmen sie nicht wahr. Wir bemerken sie oft erst in einer Umbruchsituation, wenn unser Leben die gewohnten Bahnen verläßt. Je mehr wir jedoch den kleinen Chancen des täglichen Lebens Aufmerksamkeit schenken, desto mehr erkennen wir, daß es täglich eine Möglichkeit zur Umkehr, zu einem Neuanfang gibt: Wir können uns aus unserer selbstgeschaffenen Tretmühle befreien. Wir müssen nur die Gelegenheiten, die sich uns bieten, erkennen und nutzen. Als Beispiel möchte ich kurz die Ereignisse erzählen, die sich in meinem Leben zugetragen haben.

1985 im Sommer war ich an einem Wendepunkt angelangt. Ich konnte einfach nicht mehr. Die Schicki-Micki-Treffen in Münchens Ritzi-Titzi-Bars und Biergärten, die mich von dem Einerlei, in dem wir uns alle befinden, ablenken sollten, ödeten mich an. Der italienische Sportwagen, den ich fuhr, befriedigte nur noch meine Frau, während unsere Ehe unbefriedigend geworden war. Und mein Beruf als Journalist war nur noch ein stumpfes Reagieren auf Ereignisse, die von anderen geschaffen wurden und auf die ich sowieso keinen Einfluß nehmen konnte. Aber ganz nebenbei hatte ich eine zweite Ebene der Wirklichkeit entdeckt, die das oberflächliche Leben, in dem ich steckte, in Frage stellte.
Diese zweite Ebene war immer da gewesen, ich hatte sie nur nie beachtet. Sie hatte sich im Verborgenen abgespielt. Sie hatte zu Begegnungen geführt, die scheinbar keinen Sinn machten. Hatte mir "Zufälle" beschert, die ich nicht erklären konnte. In diesem Sommer 1985 brach diese Ebene der Wirklichkeit durch. Auf einmal begegneten mir Menschen, die aus der Mühle, die wir wie Hamster ständig in Bewegung halten, ausgestiegen waren. Auf einmal stieß ich auf Bücher, die davon sprachen, daß es noch mehr gibt als das Anhäufen von materiellem Wohlstand.
Offen, wie ich jetzt war für die Welt des Unerklärlichen, ging ich zu einer Wahrsagerin. Sie prophezeite mir, ich würde noch vor dem März 1986 über das große Wasser

14

gehen. Meine Skepsis gegenüber Wahrsagern wurde dadurch nur bestätigt. Ich glaubte ihr kein Wort. Doch dann fragte mich auf einmal ein Verleger, ob ich nicht ein Buch für ihn schreiben wolle. Und auf einmal fragte mich eine Freundin (eine von den wenigen, die dir in deinem Leben begegnen und dich um deiner selbst willen lieben), ob sie mir irgendwie helfen könnte. Scherzend sagte ich ihr, sie könnte mir wirklich helfen, wenn sie mir ein Flugticket in die USA geben würde. Wenige Tage später traf ich sie wieder, sie hatte ein kleines Geschenk für mich: ein Ticket nach Los Angeles, ausgestellt für den 28.Februar 1986.

Ich war gerade fünf Wochen in LA, schrieb an meinem Buch und machte nebenbei eine Ausbildung als Hypnosetherapeut, als ich eine Einladung zu einem Therapeutenkongreß erhielt. Ich nahm teil und bemerkte gleich am ersten Abend einen Mann, der mich zu beobachten schien. Er war etwa 1,80 Meter groß, seine Hautfarbe war ein olivähnliches Braun, seine Haare waren lang und pechschwarz. Er trug viel Silberschmuck mit Türkis-Steinen an den Handgelenken und als Ringe. Ich trat zu ihm und stellte mich vor. Er sagte zunächst gar nichts, sondern betrachtete mich nur. Dann blickte er mir in die Augen, wie es eine Mutter tut, die um ihr Kind besorgt ist: "Was ist los mit dir? Du bist müde, du brauchst Energie. Dein Leben drückt dich herunter. Ich muß mit dir Energiearbeit machen."

Ich war wie vor den Kopf gestoßen. "Was meinen Sie mit Energiearbeit?"

"Ich werde dir zeigen, wie du wieder Energie bekommst. Übrigens, mein Name ist EagleBear, Morgan EagleBear."

"Aber ich habe kein Geld für Therapiesitzungen", erwiderte ich.

"Ihr Weißen denkt immer nur ans Geld. Ich bin Medizinmann, Apache aus Utah. Ich nehme grundsätzlich kein Geld dafür, anderen zu helfen. Ich brauch' das nicht. Alles, was du brauchst, bekommst du immer automatisch."

"Aber das kann ich doch nicht annehmen!"

EagleBear lachte: "Das ist euer zweites Problem. Ihr wißt nicht, wie man um etwas bittet, und ihr wißt nicht, wie man ein Geschenk annimmt. Du mußt noch viel lernen. Als erstes: Vertraue, laß es geschehen."

Dann verabschiedete er sich und lud mich ein, mir seinen Vortrag über Schamanismus und Hypnose, der in wenigen Minuten beginnen würde, anzuhören. Ich setzte mich in den bereits vollen Hotelsaal und versuchte, während EagleBear sprach, die Begegnung mit ihm zu verstehen. Wir sprachen noch lange an diesem Wochenende über Schamanismus und westliches Denken, und als wir uns am Sonntagabend verabschiedeten, hatte ich das Gefühl, einer Wirklichkeit begegnet zu sein, die meilenweit von meiner bisherigen entfernt schien. "Wie können wir in Kontakt bleiben?" fragte ich ihn. "Wann kann ich zu dir kommen wegen der Energiearbeit?" "Ich bin ständig unterwegs", entgegnete EagleBear, "du kannst mich nicht erreichen. Mach dir keine Sorgen, wir sehen uns bald wieder."

Verwirrt und wütend darüber, daß wir nichts Konkretes geplant hatten, fuhr ich wieder zurück in mein Zimmer in West Hollywood. Mein Buch mußte fertig werden, mein Vorschuß ging zur Neige, und meine Begegnung mit Eagle-Bear hatte mich voller Fragen und Zweifel gelassen. Ich wußte, er hatte den Nagel auf den Kopf getroffen, als er sagte, ich sei down, hätte keine Energie mehr.

Aber in den nächsten Tagen hatte ich einige Begegnungen, die sich urplötzlich ereigneten und mein Leben veränderten. Über eine Schauspielerin lernte ich eine Gruppe von Physikern kennen, die bei der Aerospace Corporation beschäftigt waren und außersinnliche Wahrnehmungen erforschten. Eine Angestellte der Fernsehstation ABC brachte mich mit Menschen zusammen, die buddhistisches und hinduistisches Gedankengut studierten. Eine Malerin aus England, die schon seit Jahren in LA lebte, lud mich ein, in ihrem Studio zu wohnen, während sie für zwei Monate zurück nach London ging.

Und auf einmal lebte ich am Meer, im Studio dieser Künstlerin, und brauchte außer ein paar Dollar fürs Essen kein Geld für meinen Lebensunterhalt.

Ich schloß meine Ausbildung zum Hypnosetherapeuten ab und suchte - ohne genau zu wissen, warum - nach einem Weg, in die *Four Corners Region* zu reisen. Dieses Gebiet im Südwesten der USA, in dem die vier Bundesstaaten Arizona, Utah, New Mexico und Colorado aneinandergrenzen, gilt in der Überlieferung der Indianer als heiliges Land, als Ort der Kraft. Vielleicht erhoffte ich mir dort weitere Erkenntnisse über meinen Lebensweg. Ein Freund riet mir, dort ein Seminar mit Hypnose und Meditationen zu veranstalten, um meine Reise zu finanzieren.

Kurze Zeit später rief mich einer der Physiker an und fragte mich, ob ich nicht zu einem Vortrag bei Aerospace kommen wollte. Thema: Schamanismus und westliches Denken. An den Namen des Vortragenden könne er sich nicht mehr erinnern, aber es sei ein Indianer, der auf diesem Gebiet bewandert sei.

Es war einer der typischen heißen Sommertage in Südkalifornien, als ich zu Aerospace fuhr. Ich hatte gerade meinen Freund begrüßt, als ich einen Indianer das Haus betreten sah. Es war EagleBear. Ich hatte das Gefühl, als hätte ich einen tot geglaubten Verwandten wiedergefunden. Rasch erzählte ich ihm, was alles in meinem Leben passiert war, seit wir uns begegnet waren. EagleBear schmunzelte nur und sagte: "Alles ist Energie. Die Probleme, die wir im Leben haben, kommen nur daher, weil wir entweder von anderen Energie absaugen oder anderen erlauben, uns unsere Energie abzusaugen. Davor müssen wir uns schützen und uns gleichzeitig aus einer höheren Quelle Energie zuführen. Dann werden wir auch Situationen und Menschen anziehen, die uns weiterbringen. Statt Angst vor der Zukunft werden wir Vertrauen in die allumfassende Energie haben. Wir wer-

17

den einen höheren Energielevel erreichen. Du hast gerade eine Erfahrung damit gemacht, bist Menschen begegnet, die dir Energie gegeben haben, statt sie von dir abzuziehen."

"Hat mein mir unerklärlicher Drang, unbedingt die *Four Corners Region* zu besuchen, mit dieser Erfahrung von Energie zu tun?" fragte ich. EagleBear sagte nichts darauf, denn es war schon Zeit für seinen Vortrag.

Wie immer war der Saal gefüllt, als EagleBear sprach. Am Ende sagte er zu den Zuhörern: "Falls ihr noch mehr über das indianische Denken erfahren wollt, kommt einfach zu meinem Vier-Tage-Seminar, das ich mit diesem Gentleman hier", und dabei zeigte er auf mich, "in zwei Wochen in der *Four Corners Region* veranstalten werde."

Wir hatten fünfundzwanzig Teilnehmer bei diesem Seminar. Eine Reihe von anderen Krafttagen folgten in Sedona, Arizona; Ojai, Kalifornien; Joshua Tree, Kalifornien, und Maui, Hawaii. EagleBear zeigte mir und den Seminarteilnehmern, wie man sich mit Energie auflädt: Wie man mit dem Wasserelement negative Energie und schwächende Gefühle aus sich herausschwemmt. Wie man mit dem Feuerelement Kraft und Vitalität in sich aufnimmt. Wie man mit dem Luftelement klare Gedanken erzeugt und die Konzentration fördert. Wie man mit dem Erdelement Gesundheit und körperliches Wohlbefinden herstellt.

Vor allem aber lernte ich in den sechs Jahren der Zusammenarbeit mit EagleBear, daß du nicht ausbrechen und aussteigen mußt, um dein Leben zu verändern. Daß du nicht in Tipis wohnen und unsere Zivilisation verdammen mußt, wenn du deinem Leben einen neuen Sinn geben willst. Daß du nicht dadurch stark wirst, daß du anderen Energie wegnimmst, sondern indem du die Energie in dir selbst erzeugst. Vor allem lehrte mich EagleBear eines: Daß es darauf ankommt, den Alltag zu transformieren.

18

Ich habe bereits in zwei früheren Büchern, *Tate Topa - Der indianische Weg* und *Wiyo Ate - Der indianische Weg zum Neuen Mann*, versucht, das indianische Denken auf unseren Alltag zu übertragen. Zahlreiche Leser fragten, ob es nicht einfache Übungen gäbe, die man täglich anwenden könnte, um im Gleichgewicht zu bleiben, Übungen, die wir in unser gestreßtes Leben integrieren könnten.

Als ich meine ersten beiden Bücher schrieb, lebte ich noch in den USA, hatte eine ständige Rückkoppelung mit Eagle-Bear, die es mir leicht machte, im indianischen Sinn im Einklang mit den Vier Elementen, der Natur und mir selbst zu leben. Dann ging ich zurück nach Deutschland, begab mich wieder in die "Mühle", denn ich wollte wissen, ob der indianische Weg auch in unserem Alltag durchzuhalten ist.

Dabei stellte ich schnell fest, daß berufliche und private Verpflichtungen für die in den ersten beiden Büchern erläuterten Meditationen und Übungen wenig Zeit lassen. Die Vorsätze, mein Leben gesünder, streßfreier, ausgeglichener und glücklicher zu leben, scheiterten allzu oft an der Realität.

Ich erinnerte mich an die *Vier Übungen*, von denen Eagle-Bear erzählt hatte. Er hatte sie immer als *Survival-Kit*, als Überlebens-Paket, bezeichnet. Aber da ich in meiner Entwicklung weiterkommen wollte, hatte ich nur die intensiveren, zeitaufwendigeren Übungen angewendet und sie nach mehrjährigem Eigenversuch in meinen ersten beiden Büchern beschrieben. Ich kann sagen, sie haben mein Leben verändert.

Dennoch hatte ich die "Mühle" unterschätzt. Oft war ich abends einfach zu müde, um noch einige indianische Körperübungen zu vollziehen. Vielleicht konnten mir die *Vier Übungen* weiterhelfen.

Ich fuhr wieder zu meinen indianischen Kraftorten, meditierte mit meinem geistigen Lehrer Red Feather, sprach mit EagleBear und bat ihn um Rat. "Es geht nicht um die Übungen, die du hier mit mir und den Gruppen gemacht hast", sagte er lapidar. "Die sind gut, wenn du Zeit hast, wenn du dein Leben neu organisieren willst, wenn du eine Vision für deinen weiteren Lebensweg brauchst. Diese Übungen sind wie ein Urlaub: sie sind notwendig, um dich mit Kraft aufzutanken. Im Alltag solltest du jedoch die *Vier Übungen* machen, die dein tägliches Leben transformieren. Mit diesen *Vier Übungen* bleibst du auf dem richtigen Pfad, denn sie balancieren die Vier Elemente in dir und in deiner Umwelt aus."

EagleBear zeigte mir die *Vier Übungen*. Sie ermöglichen es mir heute, in meinem alten Beruf als Journalist zu arbeiten, und mich trotzdem gesund, wohl, streßfrei, zufrieden und glücklich zu fühlen. Sie helfen mir, wenn ich einmal wieder ins "Loch" falle: wenn Streß, Probleme oder andere Menschen mir meine Energie zu rauben drohen. Durch die *Vier Übungen* habe ich wieder Zeit für meine Familie und meine Freunde, Zeit für meinen Körper, meinen Verstand, meine Seele und meinen Geist. Jetzt erst habe ich begonnen zu leben.
Ich habe die *Vier Übungen* seither in meinen Alltag integriert. Sie helfen mir jedes Mal, wenn ich mich wasche, negative Gefühle und Energien abfließen zu lassen. Sie laden mich jeden Morgen nach dem Aufstehen mit Lebenskraft auf. Sie fördern meine Konzentration und geben mir klare Gedanken. Sie sorgen dafür, daß jede Nahrung, die ich zu mir nehme, eine Energiespritze ist, die meinem Körper wohl tut. Schließlich verriet mir EagleBear noch eine Zusatzübung, die mehr Freude am Sex hervorruft und die Libido steigert - ein Effekt, für den wir in unserer gestreßten Zeit besonderen Bedarf haben.

"Sorge dafür, daß möglichst viele Menschen diese Übungen machen", ermahnte mich EagleBear, "wir leben in einer Zeit des großen Umbruchs - unsere Ältesten nennen sie die Zeit der Großen Reinigung. Wir brauchen jetzt vor allem innere Kraft und das Selbstvertrauen, daß uns diese innere Stärke immer zur Verfügung steht, auch wenn wir von Umwälzungen und Krisen gefordert werden. Mache den Menschen in deiner Heimat auch klar, daß es nur eine Zukunft für uns alle gibt, wenn wir wieder im Einklang mit den Vier Elementen leben."

1. Die Vier Elemente im täglichen Leben

Bevor ich Ihnen die *Vier Übungen* beschreibe, die Ihr Leben verändern werden, muß ich kurz das Denken der Indianer, genauer gesagt: ihre Vorstellung beschreiben, daß unser Universum im Großen und jedes einzelne Lebewesen im Kleinen auf den Vier Elementen beruht. Ich bin darauf ausführlich in meinem Buch *Tate Topa - Der Indianische Weg* eingegangen und kann mich daher hier auf eine Zusammenfassung des Wesentlichen beschränken. Auch wenn Sie mein früheres Buch bereits gelesen haben, empfehle ich Ihnen, die folgende Kurzfassung noch einmal zu studieren, denn die *Vier Übungen* basieren auf dem Verständnis der Vier Elemente. Nur wenn Sie den Zusammenhang von Erde=Körper/Empfinden, Luft=Verstand/Denken, Wasser=Psyche/Fühlen und Feuer=Geist/Handeln erkennen, machen die *Vier Übungen* einen Sinn.

Erde = Körper/Empfinden

Materie, sei es die Erde oder unser menschlicher Körper, ist keine solide Masse, sondern eine Ansammlung wirbelnder Atome, die Moleküle bilden. Diese Moleküle wiederum ballen sich als Haut, Fleisch und Knochen zusammen. Der größte Teil unseres Körpers jedoch ist leerer Raum, durch den sich die Energien unserer Umwelt hindurchbewegen. Dieser Freiraum erlaubt den Molekülen, stets neue Konfigurationen zu bilden. Wachstum und Veränderung werden auf diese Weise möglich.

Die Bewegung der Atome und Moleküle erzeugt Schwingungen. Da jedes Stück Materie eine unterschiedliche Molekular-Struktur aufweist, schwingt jeder Körper verschieden. Der Volksmund weiß von dieser Tatsache: "Der ist nicht auf meiner Wellenlänge", sagen wir über jemanden, der zu verschieden von uns ist.
Nahrungsmittel, Einrichtungen, Wohnorte - sie alle erzeugen Schwingungen, die unsere Eigenvibration entweder fördern und unterstützen oder hemmen und behindern. Sie können uns heilen oder krank machen.

Den Indianern Nordamerikas ist diese physikalische Wahrheit von alters her bekannt. Ihre Ratschläge können uns helfen, unseren Körper in eine gesunde Balance, und damit in Harmonie zur Erde zu bringen. Vier Bereiche müssen dabei beachtet werden:

1. Ernährung
2. Körper-Training
3. Wohnort-Wahl und
4. Umwelt-Schutz.

Nur wenn die Schwingungen auf allen vier Ebenen harmonisiert werden, können wir Gesundheit und Glück erreichen.

1. Gesunde, naturgemäße Ernährung

Bevor wir entscheiden, welche Nahrung wir zu uns nehmen wollen, müssen wir zwei Fragen von grundlegender Bedeutung beantworten:

- Welche Nahrung hat dieselbe Schwingungsfrequenz wie unser Körper?
- Welche chemische Reaktion lösen Nahrungsmittel aus, wenn sie vom Körper verdaut werden?

Ich erinnere mich noch gut daran, wie mein Großvater Speck und fettes Fleisch in großen Mengen verzehrte, und es mir als kleinen Jungen jedesmal den Magen umdrehte, wenn ich ihn dabei beobachtete. Mein Großvater brauchte diese Art der Ernährung für seine harte Arbeit unter Tage. Er war Bergmann im Kohlenrevier. Für mich, den Grundschüler, wäre seine Nahrung völlig fehl am Platze gewesen. Oder anders ausgedrückt: die Schwingungsfrequenz seiner Nahrungsmittel harmonisierte nicht mit meiner eigenen Schwingung.

Leider tragen wir diesem Umstand kaum Rechnung. Kritiklos übernehmen wir die Ernährungsmodelle unserer Vorfahren und wundern uns, warum wir im Gegensatz zu unseren Ahnen so wenig gesund sind. Herzerkrankungen und Krebs häufen sich in unseren westlichen Gesellschaften in noch nie da gewesenem Ausmaß. Fett, Fleisch und Zucker - wichtige Bestandteile der Ernährung für körperlich hart arbeitende Menschen - sind für viele von uns, die an Schreibtischen arbeiten und sich mit dem Auto fortbewegen, ein Ballast, an dem unser Körper hart zu schlucken hat.

Die Schwingungen stimmen nicht mehr überein. Der Hauptgrund für diese Diskrepanz liegt in der chemischen Reaktion, die diese Speisen in uns auslösen. Die säure-produzierenden Nahrungsmittel, Fett, Fleisch, Käse, Eier, Brot, schädigen nicht nur unseren Körper, sondern auch unseren Verstand und unsere Psyche. Sodbrennen, Kopfschmerzen, Müdigkeit, Konzentrationsschwierigkeiten, Niedergeschlagenheit und Depressionen sind nur einige der negativen Folgen.

2. Körper-Übungen

Neben falscher Ernährung ist es vor allem die mangelnde Blutzirkulation, die unseren Körper aus dem Gleichgewicht bringt. Vorbei sind die Tage, an denen wir kilometerweit gehen mußten, um Freunde zu treffen oder Waren einzukaufen. Das Auto ermöglicht es uns, überallhin zu gelangen, ohne auch nur den Fuß zu heben.
Der erste Schritt zu einem gesunden Körper ist daher: Gehen Sie, so oft Sie können, zu Fuß. Steigen Sie Treppen anstatt den Aufzug oder die Rolltreppe zu benutzen. Nehmen Sie sich täglich Zeit für einen Spaziergang, vorzugsweise in der Natur.

Der zweite Schritt ist ein Minimum an Streckübungen. Beginnen Sie jeden neuen Tag damit, sich nach dem Aufstehen zu strecken.

3. Wohnort-Wahl

Selbst wenn Sie sich gesund ernähren und Ihren Körper trainieren, kann es sein, daß Sie sich unwohl fühlen und Ihr Körper nicht in Harmonie ist. Sollte dies der Fall sein, empfehle ich Ihnen, Ihren äußeren Körper, Ihre Umwelt, einmal unter die Lupe zu nehmen. Weist Ihre Umgebung die gleiche Schwingungsfrequenz auf wie Ihr Körper?

Die folgenden beiden Fragen werden Sie der Beantwortung dieses Problems näher bringen:

- Welche geographische Region mögen Sie am liebsten?
- Ziehen Sie das Leben in der Stadt vor?

Wenn Ihnen bei der Beantwortung dieser Fragen aufgefallen ist, daß Sie derzeit nicht in Ihrer bevorzugten Umgebung wohnen, dann können Sie ziemlich sicher sein, daß Sie in der falschen Schwingungsfrequenz leben. Die einzige Kur für diese Krankheit ist ein Umzug.

Bevor Sie einem neuen Wohnort zustimmen - oder wenn Sie in Ihrer alten Umgebung wohnen bleiben wollen bzw. müssen - achten Sie darauf, daß die Vier Elemente nicht gestört sind. Gehen Sie einmal die folgende Checkliste durch:

1) Erde: Liegt mein Haus in einer Zone gefährlicher Erdstrahlen?
Oder in der Nähe einer petrochemischen Fabrik, eines Kraftwerks, einer Mülldeponie oder einer stark befahrenen Straße?

2) Wasser: Läuft eine unterirdische Strömung unter meinem Haus hindurch?
Woher kommt mein Trinkwasser?
Ist es trinkbar?

3) Feuer: Ist mein Haus weit genug von Starkstromleitungen entfernt?
Liegt es in der Nähe eines Atomkraftwerks, einer Radaranlage oder eines Rundfunk- oder Fernsehsenders?

4) Luft: Lebe ich an einer häufig befahrenen Straße oder in der Nachbarschaft eines Flughafens, so daß die Abgase in mein Haus eindringen?
Ziehen Emissionen naheliegender Industrieanlagen über mein Haus?

Wenn Sie eine oder mehrere dieser Fragen mit Ja beantwortet haben, empfehle ich Ihnen, Ihrer Gesundheit zuliebe, diesen Standort nicht als Wohnort in Betracht zu ziehen. Sollten Sie bereits an einem solchen Wohnort leben, rate ich Ihnen zum Umzug.

Um Ihre Schwingungsfrequenz mit der Ihrer Umwelt in Harmonie zu bringen, bedarf es noch einer weiteren Bestandsaufnahme. Prüfen Sie, ob Ihr Haus selbst mit den Vier Elementen in Einklang steht.

1) Erde: Ist mein Haus mit natürlichem Baumaterial gebaut?
Ist es innen und außen mit chemiefreien Farben gestrichen?
Sind Teppiche, Möbel, Einrichtungsgegenstände aus natürlichem Material gefertigt?

2) Wasser: Sind die Wasserleitungen blei-, asbest- und kunststofffrei?
Tritt im Haus Feuchtigkeit auf?

3) Feuer: Verursacht die Heizanlage giftige Abgase?
Stehen Wohn- und Schlafraum unter zu hoher Elektrizität (zu viele Steckdosen, zu viele Elektrogeräte)?
Habe ich genügend natürliches Licht?

4) Luft: Hat mein Haus eine gute, natürliche Durchlüftung?
Sind meine Heizeinrichtungen gut ventiliert?
Erfüllen die Küchen- und Badezimmerventilatoren ihre Aufgabe?

Ein gesundes Haus sollte folgende Merkmale aufweisen:

- Natürliche Materialien wie Stein, Ziegel, Holz, Naturfarben und unbehandelte Stoffe in Bau und Einrichtung;
- gut isolierte Wasserleitungen (vorzugsweise aus Kupfer);
- eine funktionierende und umweltfreundliche Heizanlage;
- gute Durchlüftung und viele Pflanzen (Luftbereinigung);
- frei von Chemikalien (Einrichtung, Farbe, Putzmittel).

4. Umwelt-Schutz

Die alte lateinische Weisheit *mens sana in corpore sano* muß am Ende des 20. Jahrhunderts neu übersetzt werden: Der Mensch kann nur gesund sein, wenn seine Umwelt gesund ist.

Daher müssen wir fragen: Was können wir - jeder einzelne von uns - also auch <u>Sie</u>, der Sie gerade diese Zeilen lesen, tun, um eine weitere Belastung des gestörten Gleichgewichts der Erde zu vermeiden?

Die Indianer geben klare Antworten: fünfundzwanzig einfache Dinge, die Sie leicht und ohne Anstrengung tun können. Teilen wir sie wiederum in die Vier Elemente auf.

a) Was Sie für das Erd-Element tun können

Schützen Sie die Wälder und Felder, indem Sie
- Ihren Papierverbrauch einschränken und jedes Stück Papier recyceln;
- Ihren Holzverbrauch einstellen. Wiederverwenden Sie vorhandenes Holz und benutzen Sie Altholz und gesammeltes Holz zum Verbrennen;
- alle Materialien recyceln und auf Naturprodukte (anstelle von Plastik und Styropor) zurückgreifen;
- neue Bäume pflanzen;
- Pflanzenreste und Küchenabfälle in einem Komposthaufen sammeln und als Dünger verwenden;
- keinerlei Chemikalien auf Pflanzen sprühen (es gibt immer natürliche Alternativen);
- chemiefreie Produkte und Lebensmittel kaufen;
- auf Verpackungsmaterial beim Einkauf verzichten;
- sich in Ihrer regionalen Wald- und Landschaftsschutz-Organisation aktiv einsetzen.

b) Was Sie für das Luft-Element tun können

Schützen Sie Luft und Erdatmosphäre, indem Sie:
- *Autofahren vermeiden und auf öffentliche Transportmittel, Fahrrad und Gehen umsteigen;*
- *Ihre Heizanlage im Haus und Ihr Auto stets auf Abgase hin untersuchen lassen;*
- *keine Sprühdosen mehr benutzen;*
- *sich in Ihrer Gemeinde für Emissionskontrolle aller Häuser und Betriebe stark machen.*

c) Was Sie für das Wasser-Element tun können

Schützen Sie Flüsse, Seen und Meere, indem Sie:
- *niemals Abfälle in Gewässer werfen;*
- *nur noch biologisch abbaubare Wasch- und Reinigungsmittel benutzen, die unsere Gewässer schonen;*
- *alte Arzneien, Reinigungsmittel, Farben und Öle zur nächsten Sondermüllverwertungsstelle bringen; schütten Sie sie niemals in den Ausguß!*
- *die Kanalisation in Ihrem Haus und Ihrer Gemeinde in Ordnung halten;*
- *Ihren Wasserverbrauch einschränken;*
- *sich an örtlichen Reinigungsaktionen an Ihrem Fluß, an Ihrem See, an Ihrer Küste beteiligen.*

d) Was Sie für das Feuer-Element tun können

Bewahren Sie unsere Energiequellen, indem Sie:
- *so wenig wie möglich mit dem Auto fahren und auf öffentliche Transportmittel, Fahrrad und Gehen umsteigen;*
- *Heizenergie sparsam verwenden;*
- *Ihr Haus gut abdichten;*
- *den Gebrauch von Elektrogeräten einschränken;*
- *sparsamer mit elektrischem Licht umgehen;*

- sich für den Ausbau natürlicher Energiegewinnung in Ihrer Nachbarschaft (Solar-, Wind-, Erdenergie) engagieren.

Die Umweltschutzbewegung in Europa und in den USA hat diese Richtlinien übernommen und seit Jahren propagiert. Wichtig ist nun, daß diese Maßnahmen von jedem einzelnen ergriffen werden. Ich bitte Sie persönlich, sich mit diesen fünfundzwanzig einfachen Schritten für den Schutz unserer Umwelt einzusetzen.

Luft = Verstand

Ohne Luft kann Leben nicht existieren. Der Mensch mag ohne Wasser ein paar Tage aushalten, ohne Sauerstoff ist er in Minuten tot. Im menschlichen Körper kennen wir den gleichen Prozeß: Hört das Herz auf zu schlagen, dann kann der Mensch noch eine Weile überleben, wiederbelebt werden usw. Kommt jedoch das Gehirn zum Stillstand, dann ist "die Luft aus dem menschlichen Körper" (Red Feather), der Mensch ist tot oder besser: von dieser Erlebnisebene in eine andere übergewechselt.

Der Begriff Gehirn wird in diesem Zusammenhang auch von der Medizin als mehr verstanden als nur die physische Masse im menschlichen Kopf. Gehirn umfaßt auch das, was wir Bewußtsein nennen. Überleben ist nach dieser Definition nur möglich, wenn unser Bewußtsein am Leben ist. Dieses Bewußtsein besteht aus den drei Teilen: Verstand, Psyche (Unterbewußtsein) und Geist (Überbewußtsein). Wir sind nur gesund, wenn alle drei Bewußtseinsteile in Harmonie mit dem Körper vibrieren.

Nach Meinung der Indianer, die ich voll unterstütze, ist in den westlich-zivilisierten Ländern der Verstand jedoch zur dominierenden Kraft des Kräftequadrats Körper-Verstand-Psyche-Geist geworden - gerade so, als ob wir zuviel Luft bekämen. Die Folgen dieses Ungleichgewichts: Geld- und Machtgier, Konkurrenzdenken, Gleichgültigkeit gegenüber der Natur, resultierend in Angstzuständen und psychosomatischen Symptomen wie Kopf- und Rückenschmerzen u. a.

Unser bewußtes Selbst setzt sich aus Wille, Verstand, Logik und den fünf Sinnen zusammen. Es formt unser Ego aus den Anschauungen, Gewohnheiten und Verhaltensmustern. Ihm wird die linke Gehirnhälfte zugeordnet. Die rechte Hemisphäre des Gehirns ist das unterbewußte Selbst - ich wähle hier unterbewußt statt unbewußt, da wir uns dieses Teils unseres Selbstes ja durchaus bewußt sind, auch wenn wir dieses Wissen oft verdrängt haben. Das sind unsere Gefühle, Träume, Intuitionen und die Verbindung zum überbewußten Selbst (auch: Höheres Selbst, Überbewußtsein, Geist). Normalerweise wird es vom bewußten Selbst nicht zur Mitbestimmung unseres Lebens zugelassen.

Die Dominanz des bewußten über das unterbewußte Selbst wird mit Hilfe von Angst (vor dem Neuen, vor Veränderung usw.), mangelndem Selbstvertrauen, Be- und Ver-urteilung und Schuld- "Gefühlen" aufrechterhalten. Dem unterbewußten Selbst wird nicht mehr vertraut. Es wird in Ausnahmedomänen zurückgedrängt (Kindheit, Träume, Kunst).
Wir fühlen uns unglücklich, gehetzt, überfordert und bedroht. Aber wohin wir uns auch wenden, jeder steckt in demselben Dilemma: das Unterbewußte ist da, aber in dieser Welt scheint kein Platz dafür zu sein. Die Gefühle werden mit Logik und Rationalität unterdrückt, von Arbeitswut, Alkohol, Sex und Drogen überdeckt oder in Besitz und Machtgier pervertiert. Manchmal jedoch brechen sich die Gefühle Bahn und verursachen Krisen und Verwirrung.
Was können wir gegen die Dominanz des Verstandes tun?
Wie können wir innere Balance finden?

30

Die Antwort der Indianer, wie übrigens auch vieler fernöstlicher Meditationslehrer und ihrer spirituellen Traditionen, lautet: durch Zerstörung und Neuaufbau. Bevor etwas Neues entsteht, muß das Alte zerstört werden. Wir können diesen Prozeß in der Natur beobachten, wo jedes Jahr im Verlauf der Jahreszeiten Altes stirbt und Neues heranwächst. Wir sehen diesen Vorgang auch in der Geschichte, indem sich neue Herrschaftsformen aus den Ruinen der Alten entwickeln. Deutschlands Neuanfänge 1945 und 1990 sind ein Beispiel dafür.

Diese Regel trifft auch für den Menschen zu. Wir können uns nur verändern, wenn wir alte Anschauungen, Gewohnheiten und Verhaltensmuster ablegen und Platz für neue schaffen. Nach Meinung der Indianer ist dieser Hausputz Bedingung für das Erreichen des inneren Gleichgewichts. Nur, wenn wir uns von Altem trennen, können wir Denken und Fühlen auf eine neue Stufe stellen und miteinander ausgleichen. Die "Erneuerung" soll dabei alle vier Ebenen (Körper, Verstand, Psyche, Geist) umfassen.

Wasser = Psyche

Dem Verstand als der erschaffenden, männlichen Energie steht die Psyche (Seele) als empfangende, weibliche Energie gegenüber. Beide Energien sind wie der Plus- und Minus-Pol in der Elektrizität: beide sind notwendig, um Spannung = Leben zu erzeugen. Aber handeln wir danach? Lassen wir wirklich den Minus-Pol, das Empfangende, zu Wort kommen?

Im Lauf der Geschichte haben wir das Gegenteil getan. Wir haben dem Verstand das Zepter über unser Leben übertragen. Die Folgen: Zerstörung der Umwelt, Krieg, physische und psychische Krankheiten und spirituelle Orientierungslosigkeit.

Eine Heilung der Welt und des Menschen ist nur möglich,

wenn die Verstandes-Dominanz gebrochen wird und wir die Psyche als gleichberechtigten Entscheidungs- und Handlungsträger in unserem Leben anerkennen. Das heißt: wir müssen beginnen zu fühlen und zu lieben. Als erste Schritte in diese Richtung hatte ich bereits empfohlen, den Körper wieder in Balance zu bringen und den Verstand von überholten Konzepten zu reinigen.

Der nächste Schritt, um den es im folgenden gehen wird, muß die volle Integration unserer Psyche und unseres Geistes in unser tägliches Leben sein.

Die Psyche - ein Begriff, den ich bewußt wähle, da der deutsche Ausdruck 'Seele' zu sehr mit religiösen Vorstellungen behaftet ist - ist jener Teil unseres Bewußtseins, der uns im Wachzustand nicht voll bewußt ist, weswegen oft das Synonym "Unterbewußtsein" verwendet wird. Gerade die Tatsache jedoch, daß die Psyche als unterhalb der Oberfläche des Bewußtseines empfunden wird, ist unser Problem, denn die Psyche umfaßt unsere Gefühle und Intuitionen, unsere Phantasien und Träume - allesamt Botschaften unseres Selbst. Sie ans Tageslicht zu fördern und in unser Leben zu integrieren, ist der einzige Ausweg aus der Logik- und Ratio-Dominanz unserer Kultur. Diese Kultur hat den unbewußten Teil unseres Selbst lange genug unterdrückt - eben weil das Unterbewußte nicht mit logischen Maßstäben meßbar ist, und weil unser Verstand alles ablehnt, was er nicht kontrollieren kann.

Mit der Unterdrückung und Verdrängung des Unterbewußten haben wir uns jedoch des Genies beraubt, das in uns wohnt. Unser größter Lehrer und Heiler ist zu einem Schattendasein verdammt worden, und nur ab und zu, wenn wir von einem starken Gefühl übermannt werden oder durch Drogen und Alkohol unsere rationale Kontrolle verloren haben, taucht er auf und rüttelt uns wach.

Die Indianer Nordamerikas zeigen uns den Weg, wie wir diesen Lehrer und Heiler in uns aktivieren und damit unserem Leben eine neue Dimension geben können. Eine Lösung unserer inneren und äußeren Konflikte ist ohne unsere Psyche nicht möglich. Unser Ziel muß es sein, mit der Psyche Kontakt aufzunehmen und ihre Botschaften ernst zu nehmen. Wir müssen lernen, diese Botschaften - die Gefühle, Intuitionen, Phantasien, Träume - zu sehen und zu hören. Vier Schritte sind dazu notwendig:

1. Erkenne deine Gefühle.
2. Löse dich von negativen Gefühlen.
3. Beobachte deine Träume und Phantasien.
4. Folge deiner Intuition.

Feuer = Geist

Das Element Feuer ist im menschlichen Körper in den Nerven und den Sexualorganen ausgedrückt. In der Natur ist es in Uranenergie, Magnetfeldern und Sonnenenergie erfahrbar. Sie erinnern sich: Muskeln und Knochen machen das Erd-Element, Atem und Kopf das Luft-Element und Blut und Herz das Wasser-Element aus.

In der Überschrift wird Feuer mit Geist gleichgesetzt. Aber, fragen mich stets meine Seminarteilnehmer, entspräche der Geist = das Überbewußtsein nicht eher dem Luft-Element? Die Zeitschrift Esotera (September 1991) geht sogar noch weiter. Im Interview mit Hans-Dieter Leuenberger, dem Autor des bemerkenswerten Buches *Engelmächte*, zieht die Interviewerin Irene Dalichow den Schluß:
"Eine Gleichsetzung von Feuer und Spiritualität ist nicht korrekt." Leuenberger hatte zuvor ausgeführt:
"Feuer soll gleichgesetzt werden mit Dynamik, mit Energie und Kraft - im Rahmen von Sexualität, von einer gesunden

Aggression, einer Vitalität. Das Zupacken, das ist auch Feuer, meine ganze Lebenskraft, also alles, was mich am Leben erhält. Aber all das ist auf die Verhältnisse hier in der Materie bezogen."

Die Definition von Feuer aus dem Mund meiner indianischen Lehrer klingt zunächst ganz wie Leuenberger: Feuer ist Dynamik, Kraft und Energie. Feuer ist Licht und Wärme. Feuer erschafft. Aber dann kommt die grundlegende Erweiterung der Definition von Leuenberger: Die Lichtenergie des Feuers ist die Energie, die Körper (Materie) und Kosmos (jenseits der Materie) zusammenhält. Diese Lichtenergie drückt sich als Sexual- und Lebenskraft im körperlichen Bereich aus, als Vitalität und 'Zupacken' auf der intellektuellen Ebene, als Erfahrung von Liebe und Intuition im emotionalen Teil unseres Selbst und als Erleuchtung in der spirituellen Erfahrungsebene.

Aber auf welche Stufe wir uns auch konzentrieren: Die Feuerenergie will (wie die Wasserenergie) erlebt werden. Die Feuerenergie ist das Pferd, das uns zur Erleuchtung trägt. Aber wie können wir diese Energie anregen, so daß wir eine Erfahrung dieser Erleuchtung machen?

Sollen wir diese Energie körperlich anziehen? Jahrhundertelang wurden wir davor gewarnt, Geist und Körper zu verbinden. Wenn wir jedoch die spirituellen Traditionen betrachten, dann fällt auf, wie die oft beschriebene mystische Verschmelzung, die *unio mystica*, der sexuellen Ekstase der Liebenden gleicht. Es überrascht daher nicht, daß viele Heilige ihre Beziehung mit Jesus als Liebesbeziehung beschreiben. Das freie Sich-Hingeben des Sexualaktes kann auch mit der Hingabe in der Meditation verglichen werden. Wie beim Liebesakt hören in der Meditation Raum und Zeit auf zu existieren. Tarthang Tulku, ein tibetanischer Lama, schreibt in seinem Buch *Openess Mind*: "Liebesakt wie Meditation ist die physische (Erdelement), verstandesmäßige (Luftelement) und emotionale (Wasserelement) Hingabe."

Die sexuelle Energie ist der körperliche Ausdruck der spirituellen Energie (siehe auch buddhistische Sexualethik und tantrische Lehre). Kann diese Energie auch im Verstand erfahren werden? Ja, aber nur unter Zuhilfenahme des Gefühls: Sie kann zum Helfer des Verstandes eingesetzt werden, was jedoch ein Erleben = Einfühlen der Energie notwendig macht. Die Feuerenergie erfahren heißt also in erster Linie, sie spüren.
In der indianischen Tradition wird das Erleben der spirituellen Energie auf allen vier Seins-Ebenen angestrebt. Mit Symbolen und Ritualen werden Körper, Verstand und Psyche zur Erfahrung des Geistigen angeregt.

Die Indianer verstehen und erleben die Symbole des Unterbewußtseins als Energie. Diese Erfahrung ermöglicht es ihnen, die rituellen Symbole, die sie für ihr spirituelles Erleben einsetzen, mit ihrem ganzen Wesen zu erfassen. Wir haben oft Probleme, die Hingabe der Indianer, zum Beispiel bei ihren Tänzen, nachzuvollziehen, da wir Symbolen nur mit unserem Verstand begegnen, sie nüchtern analysieren. In unserer Verstandeskultur kann daher das Spirituelle zwar erdacht (siehe *Wissenschaft der Theologie*), aber nur von wenigen erlebt und erfahren werden.

Wenn wir den indianischen Weg zur Öffnung unseres spirituellen Selbst gehen und verstehen wollen, dann müssen wir uns als Grundregel vor Augen halten, daß die Indianer alle vier Ebenen, alle Vier Elemente, in ihr spirituelles Erleben einbeziehen. Sie regen mit Ritualen Körper und Verstand an und öffnen ihre Psyche mit Symbolen, wenn sie die Verbindung zum Geist, zum *Spirit*, herstellen wollen.

Auf dem indianischen Weg der Vier Elemente, den die Lakota-Indianer *Tate Topa* nennen, geht es also darum, zunächst eine innere und äußere Balance herzustellen. Das betrifft jeden Menschen, der ausgeglichen und glücklich sein will.

2. Die Vier Übungen

Die Vier Elemente sind die Grundbausteine des Lebens. Sind sie nicht im Gleichgewicht, kommt es zu Störungen.
Wir erleben dies gegenwärtig in unserer Umwelt, in der das Erdelement durch das Abholzen der Wälder, die Zerstörung des tropischen Regenwaldes, die Überdüngung und Verseuchung der Böden, hemmungslose Bauwut und Abbau von Mineralien, Uran und fossilen Brennstoffen nachhaltig und weltweit gestört ist.
Wir sehen es am Luftelement, das durch die Verpestung mit Industrie- und Autoabgasen krank gemacht wurde.
Auch das Wasserelement ist durch menschliches Fehlverhalten aus dem gesunden Gleichgewicht geraten: Die Binnengewässer und Meere sind zu Abwasser-Kloaken verkommen, Flußläufe wurden reguliert oder zugeschüttet, Meere als Atommüll-Lager mißbraucht.
Am schlimmsten hat der Mensch jedoch das Feuerelement aus der Balance gebracht, indem er soviel Energie produziert, daß sich die Erdatmosphäre aufheizt und das Wetter sich verändert.

Die Indianer haben uns schon seit Jahrzehnten davor gewarnt, daß die Natur zurückschlagen muß, um sich selbst wieder ins Gleichgewicht zu bringen. Aber die Industriestaaten haben diese Warnungen einfach als Panikmache von Primitiven weggewischt. Jetzt erleben wir bereits die Folgen unseres Hochmuts: Noch nie in der vom Menschen erfaßten Geschichte gab es so viele Erdbeben, Stürme,

Überschwemmungen und plötzliche Wetterumschwünge wie heute. Diese Feststellung machten nicht etwa die Indianer oder die Grünen, sondern die Versicherungen, die sich aus Eigeninteresse mit den Naturkatastrophen auf der Erde beschäftigen.

Und weil die Entwicklung im Großen sich im Kleinen widerspiegelt, stellen wir auch beim Menschen fest, daß die Vier Elemente aus dem Gleichgewicht geraten sind.

Erde: Trotz der Milliarden von Dollar, die jährlich für die Weiterentwicklung der Medizin aufgebracht werden, hat sich die Zahl der Erkrankungen nicht vermindert. Im Gegenteil: in den Industrienationen steigt die Zahl der "Zivilisationskrankheiten" wie Herz-Kreislauf- und Gelenk-(Rücken!) Schäden und die Kosten für unsere Gesunderhaltung. Immer mehr Menschen fühlen sich krank und gestreßt, obwohl organisch kein Schaden vorliegt. Hinzu kommt, daß wir Nahrung zu uns nehmen, die unseren Körper mehr belastet als stärkt.

Luft: Negatives Denken, das sich in Raffgier und Abzockermentalität, in der Ausbeutung der Natur und in Kriegen niederschlägt, bestimmt unseren gesellschaftlichen Alltag. Die Gemeinschaft und die Verantwortung für die nächsten Generationen interessieren unser Ego-Denken nicht mehr. Von der indianischen Maxime "Tue alles, was du tust, so, daß es auch den nächsten sieben Generationen nach dir noch nützt" sind wir meilenweit entfernt. Für den einzelnen bedeutet diese Denkhaltung Konkurrenzkampf und mentalen Streß, der sich natürlich auch körperlich (siehe oben!) und seelisch (siehe unten!) niederschlägt.

Wasser: Unzählige Bücher sind geschrieben worden über die Gefühlsarmut unserer Zeit. Doch wir brauchen uns nicht einmal mit der Theorie befassen, die Wirklichkeit spricht für sich: Die Zahl emotional motivierter Straftaten nimmt ständig zu. Auf den Straßen der Großstädte und in zahlreichen

Bürgerkriegen entlädt sich eine Brutalität, die wir seit dem Mittelalter überwunden glaubten. Im privaten Bereich stellen wir eine stetig wachsende Zahl von Scheidungen und Alleinerziehenden fest, notieren Bindungsangst und eine Reihe von Partnerschaftsproblemen.

Feuer: Wir sind überfordert. Wir werden den Reizen, die uns überfluten, nicht mehr Herr. Um bestehen zu können, müssen wir ständig auf Hochtouren laufen. Immer öfter brechen wir unter der Last zusammen, bringen wir die Energie nicht mehr auf, die von uns gefordert wird. Wir fühlen uns schlapp und ausgepowert.

Die *Vier Übungen*, die ich Ihnen jetzt vorstellen werde, helfen Ihnen, die Vier Elemente in einem gesunden Gleichgewicht zu aktivieren. Dadurch bringen Sie sich wieder in Harmonie mit sich selbst und Ihrer Umwelt.

Alle Übungen sind ohne Zeitaufwand durchführbar, so daß Sie sie leicht in Ihren Alltag integrieren können. Ich selbst wende diese Übungen täglich an und habe dabei herausgefunden, daß es sinnvoll ist, gleich nach dem Aufstehen damit zu beginnen. Ich habe daher die Abfolge der Übungen einem normalen Tagesablauf angepaßt, bitte Sie jedoch, die Übungen so zu variieren, daß sie optimal in Ihren Tag integriert werden können. Bedenken Sie bitte immer: das indianische Denken ist niemals starr strukturiert, sondern muß immer von Fall zu Fall auf das Individuum abgestimmt werden. Regeln und Vorschriften sind den Indianern fremd. Was sie fordern, ist selbstverantwortliches, freies Handeln.

DIE ERSTE ÜBUNG - REINIGEN

Das Wasserelement - das wissen Sie aus dem oben Gesagten - ist die weiche, fließende Energie, die unser Leben im Fluß hält. Wie der Mensch das Wasser zum Leben braucht, so braucht er auch das Gefühl, die Emotion. Gefühl ist nichts anderes als Wasser, nur auf einer höheren Schwingungsebene, physikalisch gesehen: auf einem schneller vibrierenden Energiefeld.

Wie das Wasser durch Verschmutzung ge- oder sogar zerstört werden kann, so werden auch unsere Gefühle durch negative Energien wie Angst, Zweifel, Schadenfreude, Neid, Mißgunst, Eifersucht, Haß usw. gestört. Die Folge: Wir fühlen uns niedergeschlagen, lust- und energielos, manchmal sogar deprimiert. Unsere emotionale Energie ist gesunken und bremst damit unseren Antrieb und unsere Lebensfreude.

Nur wenn wir unseren Wasserhaushalt, unser emotionales Energie-Reservoir, ständig in Balance halten, sind wir in der Lage, positive Gefühle zu empfangen und zu geben. Dieser Austausch an Gefühlsenergie, die ja nichts anderes als die Liebe ist, belebt uns, öffnet unser Leben und macht es spannend, versorgt uns mit dem berühmten Kick, den so viele in Drogen suchen, kurz: dieses Geben und Nehmen von positiven Gefühlen macht uns glücklich.

Um dieses Glücksgefühl erleben zu können, ist es wichtig, alle negativen Energien loszulassen. Diese beklemmenden Gefühle, die wir oft tagelang mit uns herumschleppen: Unausgesprochene Verletzungen, die wir erlebt haben; ungeklärte Beziehungen, die uns oft jahrelang an unserer Freiheit hindern, weil wir sie unbewußt festhalten; Ärger, den wir nicht loswerden konnten; Wünsche, deren Erfüllung zu einer Sucht geworden ist; Erwartungen an unsere Mitmenschen; innere Unzufriedenheit und nagende Selbstzweifel.

In meinen Seminaren sind wir immer als erstes an ein fließendes Gewässer gegangen, haben kurz meditiert, das heißt, wir haben uns alle negativen Gefühle in Erinnerung gerufen, die uns belasten, und haben dann diese Energien ins Wasser abfließen lassen. "Du brauchst keinen Fluß, um das zu tun," hat EagleBear später gesagt. "Tue es bei dir zu Hause, wann immer du mit der Wasserenergie in Berührung kommst."

Bevor wir zur Beschreibung der *Ersten Übung* kommen, möchte ich noch auf einen weiteren Aspekt des Wasserelements kommen. Wasser ist ja nicht nur die Energie unserer Gefühle, sondern auch die unserer Träume und Phantasien. Ich habe es mir zur Angewohnheit gemacht, meine Träume ernst zu nehmen. Sie sind Botschaften meines Unterbewußtseins, die mir helfen sollen, die richtigen Entscheidungen zu treffen.

Erlauben Sie mir daher einen kurzen Exkurs, den ich nennen möchte:

Beobachten Sie Ihre Träume und Phantasien

Warum träumen wir? Welchen Sinn haben Träume? Sind sie nur ein nächtliches Abreagieren der Tagesereignisse?
Biologen und Zoologen sagen, wir träumen, weil wir Säugetiere sind. Sie fanden heraus, daß die Fähigkeit zu träumen gut einhundert Millionen Jahre alt ist. Träume gibt es also solange, wie es Gehirne gibt. Und Gehirne gibt es, seit die Säuger die Fähigkeit entwickelten, Gefahren zu vermeiden und Bedürfnisse zu befriedigen. Unsere Gehirne erschaffen Handlungs-Modelle, die uns Ideen geben, wie wir agieren können.
Während des Schlafes kreiert unser Unterbewußtsein diese Modelle. Da von außen, von den fünf Sinnen, keine Information geliefert wird, stützt sich das Unterbewußtsein auf Daten, die bereits gespeichert sind: unsere Erwartungen, Ängste, Wünsche, Erinnerungen, Begierden usw.. Träume

erzählen uns also eine ganze Menge über uns selbst, unser "Innenleben". Sie zeigen, wie wir versuchen zu bekommen, was wir wollen, und wie wir versuchen, dem aus dem Weg zu gehen, was wir nicht wollen. Manchmal sind wir erfolgreich, und manchmal gelingt es uns nicht: das ist dann der Stoff, aus dem die Alpträume gemacht sind.

Unglücklicherweise begegnen wir zwei Problemen, wenn wir versuchen, die Botschaften unserer Träume zu entziffern: dem Nicht-Erinnern von Träumen und der Deutungsfrage.

Erinnern von Träumen

Träumen wird in den meisten Natur-Kulturen, wie zum Beispiel der der Indianer Nordamerikas, eine hohe Bedeutung in der Arbeit der Medizinleute beigemessen. Für diese Schamanen sind Träume Botschaften des Unterbewußtseins und deren Symbole Energien für Weisheit und Heilung.

Die Traumdeutung ist die Mutter der Psychologie: Freuds erstes Werk "Traumdeutung", erschienen am 4. November 1899, leitete ein neues Zeitalter ein: das 20. Jahrhundert, die Psychologie und damit die erste gründliche Auseinandersetzung mit dem Unterbewußtsein.

Obwohl Träume in unserem Leben eine zentrale Bedeutung haben, haben wir die größten Schwierigkeiten, uns am Morgen nach dem Aufstehen an die Träume der vergangenen Nacht zu erinnern.

Die folgenden Gedanken und Übungen sind nur für diejenigen bestimmt, die sich tatsächlich den Botschaften ihres Unterbewußtseins öffnen wollen. Sie funktionieren nur, wenn Sie auch wirklich Ihre Träume ernst nehmen wollen. Nur dann werden Sie in der Lage sein, sich an Ihre Träume zu erinnern.

Überfordern Sie sich nicht am Anfang. Bauen Sie sich eine Brücke: Geben Sie sich selbst vor dem Einschlafen folgende

Affirmation: "Ich erinnere mich an alle meine Träume."
Sagen Sie diesen Satz solange vor sich hin, bis Sie einschlafen. Diese Suggestion wird in Ihr Unterbewußtsein sinken und es auffordern, Ihre Träume für Sie aufzuzeichnen.

Seien Sie geduldig, denn Ihr Unterbewußtsein wird möglicherweise Träume zurückhalten, die Sie mit Angst und Zweifeln konfrontieren würden. Sie können Ihr Unterbewußtsein nur dann davon überzeugen, diesen Schutzmechanismus fallen zu lassen, wenn Sie Ernsthaftigkeit und Ausdauer signalisieren. Beachten Sie, daß Ihr Unterbewußtsein von Natur aus darauf ausgerichtet ist, "systemerhaltend" zu handeln, zum Beispiel Ihnen negative Gefühle und Erfahrungen zu ersparen. Es dauert eine Weile, es dahin zu bringen, auch beunruhigende Botschaften ans Wachbewußtsein zu übermitteln.

Darüberhinaus empfehle ich Ihnen, sich einen Notizblock und einen Bleistift neben Ihrem Bett zurechtzulegen. Notieren Sie alle Eindrücke sofort nach dem Aufwachen, noch bevor Sie sich bewegen. Grund für diesen Rat ist die Tatsache, daß der Körper Erinnerungen speichert. Sie können dies leicht testen, wenn Sie nach dem Aufstehen noch einmal ins Bett zurückschlüpfen und sich in die gleiche Position legen, in der Sie aufgewacht sind: Sie können Ihren vor dem Aufwachen geträumten Traum meist ohne Problem weiterträumen.

Fragen Sie sich nach dem Aufwachen als erstes: "Was habe ich geträumt?" Seien Sie streng mit sich selbst: Erlauben Sie keine anderen Gedanken. Bewegen Sie sich nicht, denken Sie einfach nach. Szenen und Traumfetzen werden vor Ihrem geistigen Auge erscheinen. Manchmal wird nichts auftauchen. Geben Sie nicht auf. Notieren Sie Ihre Erinnerungen auf Ihrem bereitgelegten Block oder Zettel.

Später dann, wann immer Sie Zeit haben, übertragen Sie diese Notizen in Ihr Traum-Journal oder Ihr Tagebuch. Schon nach wenigen Tagen werden Sie feststellen, daß Ihre

Traum-Erinnerungen klarer und ausführlicher werden. Ihr Unterbewußtsein hat begonnen, Sie ernst zu nehmen. Es weiß jetzt, daß es Ihre ehrliche Absicht ist, seine Traumbotschaften als Helfer in Ihr Leben zu integrieren.

Wenn Sie noch mehr über Träume erfahren wollen: Ich bin auf die indianische Traumdeutung ausführlich in meinem Buch *Tate Topa - Der indianische Weg* eingegangen. Und: In *Ein Kissen voller Träume* beschäftigt sich die Schamanin Denise Whitefeather Linn aus ganzheitlicher Sicht mit diesem vielschichtigen Thema.

Und damit sind wir endlich bei der *Ersten Übung*:

Beginnen Sie gleich morgen früh, wenn Sie unter die Dusche gehen, damit, Ihren Energiehaushalt auszugleichen und sich für die positiven Energien, die Ihnen im Lauf des Tages begegnen werden, bereit zu machen.

1.Schritt:
Atmen Sie, während Sie zur Dusche gehen, viermal tief ein und aus. Damit Sie in den richtigen Rhythmus kommen, empfehle ich Ihnen, die ersten paar Tage beim Einatmen innerlich bis vier und beim Ausatmen ebenfalls bis vier zu zählen. Das bringt Sie automatisch in einen ruhigen Atemrhythmus, der dann bald ganz von selbst geht.
Atmen Sie ganz bewußt Energie und Frische ein und lassen Sie ebenso bewußt beim Ausatmen alles los, was Ihnen durch den Kopf geht.

2.Schritt:
Sobald Sie in der Dusche die ersten Wassertropfen auf Ihrer Haut spüren, danken Sie dem Wasserelement dafür, daß es ständig für Sie da ist: Sie mit Trinkwasser versorgt, unsere Pflanzen, die wir zum Essen brauchen, ernährt und es uns

ermöglicht, uns zu reinigen. Fühlen Sie den Dank gegenüber Großmutter Wasser, wie die Indianer diese Energie nennen.

3.Schritt:
Drehen Sie das Wasser ab (damit Ihre Übung nicht zusätzlich Wasser verschwendet). Denken Sie dann, während Sie sich einseifen, an negative Gefühle, die Sie bedrücken, behindern, lähmen. Stellen Sie sich vor, daß Sie Ihren Körper von dieser ganzen negativen Energie reinigen.

4.Schritt:
Drehen Sie jetzt das Wasser wieder auf und lassen Sie den Wasserstrahl alle Negativität aus sich herausschwemmen. Spüren Sie, wie das Wasser Sie reinigt.

Während Sie sich abtrocknen, werden Sie sich bereits besser fühlen. Wahrscheinlich spüren Sie auch Dankbarkeit in sich, auf die Sie sich im Laufe der Zeit jeden Morgen freuen werden. Ihr Tag beginnt mit einem aufmunternden Hochgefühl - legal, ohne Reue und Nebenwirkungen.

Noch einige Zusatztips:

- Ich empfehle Ihnen, die Übung nicht nur morgens unter der Dusche zu machen, sondern jedesmal, wenn Sie mit Wasser in Berührung kommen - also bei jedem Händewaschen.
- Beim Trinken von Wasser empfehle ich Ihnen die *Dritte Übung*, die ich Ihnen später vorstelle.
- Nach meiner Erfahrung werden Sie im Lauf der Zeit öfter das Bedürfnis haben, sich die Hände zu waschen, als bisher - vor allem dann, wenn Sie gerade mit Menschen zu tun hatten, deren Energie sie nach unten gezogen hat. Sollten Sie diesen Leuten die Hand gegeben haben, dann sollten Sie

deren Energie unbedingt beim Händewaschen abfließen lassen.

- Auch wenn Sie sich niedergeschlagen und down fühlen, wird ein kurzer Wasserguß über Ihre Hände oder, wenn möglich, über Ihre Stirn, Ihnen Erleichterung verschaffen.

- Vergessen Sie nie, dem Wasserelement für seine Hilfe zu danken.

DIE ZWEITE ÜBUNG - AUFLADEN

Zurück zu Ihrem neuen Tagesbeginn. Sie fühlen sich erleichtert und frisch. Jetzt brauchen Sie einen Energieschub, der Sie durch den Tag bringt. Sie brauchen Feuerenergie.

Das Feuerelement ist unsere geistige Energie, die uns motiviert, uns antreibt, uns Kraft gibt. Es ist der Motor unseres Lebens. So wie das Sonnenlicht den Pflanzen Wachstumsenergie und uns Wärme gibt, so brauchen wir auch unsere Körperwärme und eine innere Energie, um zu wachsen, zu leben und zu handeln.

Wenn die Sonne nicht scheint, gedeihen die Pflanzen nicht, und der Mensch wird niedergeschlagen. Mediziner haben festgestellt, daß ein Mensch, dem Sonnenlicht entzogen wird, auf Dauer nicht existieren kann: seine körperliche, seelische und geistige Gesundheit brechen zusammen. Durch Aufputschmittel, Drogen, Arbeitswut und Reizüberflutung glauben wir, uns die fehlende Feuerenergie zuführen zu können und wundern uns dann, wenn unser Körper nach dieser unnatürlichen Energiespritze zusammenbricht.

Natürlich können wir nicht alle in sonnige Länder auswandern, um dort jeden Morgen in der aufgehenden Sonne zu meditieren und uns mit Energie zu laden, wie wir das in meinen Seminaren im heißen Arizona stets getan haben.

"Das Feuerelement ist in dir," sagte EagleBear immer und immer wieder, "du mußt es nur aktivieren." Die *Zweite Übung* dient genau diesem Zweck. Ich führe sie stets nach meiner Wasserübung durch, andere - wie die Hindus - machen eine ähnliche Übung gleich nach dem Aufstehen. Nach meiner Erfahrung mit EagleBear und vor allem mit vielen Seminarteilnehmern fühlt es sich jedoch besser an, die Feuerübung gleich im Anschluß an die Reinigung mit dem Wasser zu machen.

Dennoch möchte ich kurz auf das altindische Sonnengebet eingehen, weil es zeigt, wie ähnlich sich die spirituellen Traditionen verschiedener Kulturen in Wirklichkeit sind. Ziel des *Surya Namaskar* ist es, Atmung und Körperbewegungen zu harmonisieren und Gelenke und Wirbelsäule zu kräftigen. Dadurch soll nach der Hatha-Yoga Tradition, der das Sonnengebet entstammt, der Mensch wach und vital werden.
Das Sonnengebet besteht aus zwölf Positionen und wird zur aufgehenden Sonne hin vollzogen. Atmung und Körperhaltung sind dabei von größter Wichtigkeit.

1) In der ersten Position steht der Übende aufrecht, mit geschlossenen Füßen, die Hände vor der Brust wie zum Gebet geschlossen, das Körpergewicht gleichmäßig verteilt. Er atmet langsam aus.
2) Dann streckt er, während er einatmet, die Arme über den Kopf nach oben, beugt den Rumpf weit nach hinten und dehnt den Körper bis in die Fingerspitzen.
3) Position drei ist, auszuatmen und dabei den Körper nach vorne sinken zu lassen, also zu beugen, bis die Handflächen neben den Füßen auf dem Boden liegen. Die Knie bleiben dabei möglichst durchgestreckt, Zehen und Fingerspitzen bilden eine Linie.
4) Beim anschließenden Einatmen in die Hocke gehen, das linke Bein nach hinten strecken. Das Knie darf dabei den

Boden berühren. Der Übende beugt jetzt den Oberkörper zurück, hebt das Kinn und schaut nach oben.

5) Den Atem anhalten, das rechte Bein ebenfalls nach hinten strecken und das Gesäß aufrichten. Das Körpergewicht sollte auf den Händen und Zehen ruhen, Kopf und Körper eine gerade Linie bilden.

6) Ausatmen und dabei Knie, Brust und Stirn nach unten senken, die Hüfte anheben und die Zehen nach innen biegen.

7) Dann wieder einatmen und die Hüfte dabei senken. Die Zehen nach hinten strecken und den Oberkörper zurückbeugen. Dabei nach oben und zurück schauen.

8) Beim nächsten Ausatmen Beine und Gesäß aufrichten, Fersen und Kopf ruhen auf dem Boden, Beine sind gestreckt, der Oberkörper hängt durch.

9) Während des folgenden Einatmens in die Hocke gehen, den linken Fuß nach vorne zwischen die Hände stellen und wieder wie in Position 4 das Kinn hochstrecken und nach oben schauen.

10) Jetzt ausatmen, das rechte Bein vorziehen und sich langsam aufrichten. Die Handflächen bleiben immer noch am Boden.

11) Langsam einatmen, den Körper strecken, die Arme nach oben heben, den Rumpf zurückbeugen und ausstrecken.

12) Während des Ausatmens langsam wieder in Position 1 zurückkommen, das heißt: der Übende steht aufrecht, die Hände wie zum Gebet vor der Brust geschlossen.

Die Hatha-Yoga Tradition empfiehlt, die zwölf Positionen am Anfang morgens viermal hintereinander zu vollziehen und sich dann allmählich auf zwölf Runden zu steigern.

Ich halte diese alte hinduistische Übung für sehr sinnvoll, habe jedoch Bedenken, daß wir uns jeden Morgen die Zeit für diese 144 Positionen nehmen können.

Die indianische Übung, Großvater Feuer jeden Morgen um
Energie zu bitten, - die *Zweite Übung* - ist dagegen auch für
den gestreßtesten Menschen möglich. Sie gibt Ihnen mit nur
vier einfachen Streckungen die Vitalkraft, die Sie brauchen,
um einen neuen Tag zu beginnen.

Nachdem Sie sich mit dem Wasserelement innerlich und
äußerlich gereinigt haben, drehen Sie sich nach Osten, der
aufgehenden Sonne zu. Wenn es das Wetter zuläßt, machen
Sie die Übung bei offenem Fenster oder sogar im Freien -
auf der Terrasse oder auf dem Balkon, wenn es Zeit und
Umstände erlauben. Ansonsten ist auch Ihr Bad dafür
geeignet, denn es geht hier um höhere Energiefrequenzen,
die nicht an Zeit und Raum gebunden sind.

1.Schritt:
Atmen Sie langsam aus. Stehen Sie gerade, Beine und Füße
nebeneinander, Blick geradeaus, die Muskeln locker.
Heben Sie Ihre Arme langsam nach oben und atmen Sie
dabei langsam ein. Strecken Sie jetzt Ihren ganzen Körper:
Füße gestreckt, so daß Sie auf den Zehenspitzen stehen,
Arme und Finger weit nach oben gereckt - Ihr Atem steht
still. Sie spüren die Feuerenergie in Sie einströmen. Immer
weiter strecken.
Fühlen Sie, wie ein warmer Strom weißen Lichts über Ihre
Fingerspitzen, Ihre Hände und Arme und über den Scheitel-
punkt an Ihrem Kopf in Sie einfließt, über die Schultern, den
Oberkörper und den Bauch bis in Ihr Becken strömt und
sich dann in Ihre Beine und Füße ergießt.
Während dieser Energieaufnahme werden Sie früher oder
später das Bedürfnis haben, Ihren Atem wieder loszulassen.
Tun Sie es, wenn Sie sich danach fühlen. Lassen Sie ganz
langsam den Atem ausströmen, bis Sie das Gefühl haben,
keine Luft mehr in den Lungen zu haben.

2.Schritt:

Während Sie langsam wieder einatmen, beugen Sie sich im Zeitlupentempo nach vorne, indem Sie Ihre Arme und Ihren Oberkörper nach vorne sinken lassen.

Konzentrieren Sie sich dann auf Ihre Wirbelsäule. Spüren Sie, während Sie langsam ausatmen, wie sich jeder einzelne Wirbel nach vorn beugt. Lassen Sie den letzten Atemzug heraus, wenn Ihre Fingerspitzen den Boden berühren.

Während dieser Phase danken Sie der Feuerenergie dafür, daß sie Sie mit Kraft versorgt.

Sollten Sie Mühe haben, den Boden mit den Fingern zu berühren, dann beugen Sie sich nur soweit vor, wie Sie ohne Schmerzen können.

Bleiben Sie ein paar Augenblicke in dieser gebeugten Haltung, während Ihr Atem still steht.

3.Schritt:

Heben Sie dann - wiederum im Zeitlupentempo - Ihren Oberkörper und Ihre Schultern an. Atmen Sie während dieses Vorgangs langsam ein.

Beginnen Sie mit dem Ausatmen, wenn Sie beim Aufrichten Ihres Körpers an der Wirbelsäule angelangt sind. Spüren Sie jeden einzelnen Wirbel sich strecken.

4. Schritt:

Sie stehen jetzt wieder aufrecht, Arme und Hände nach oben gestreckt. Ihr Atem steht still. Sie fühlen die Feuerenergie in Sie einströmen.

Sie sind wieder beim ersten Schritt angelangt und können in der oben beschriebenen Weise fortfahren, bis Sie insgesamt viermal diese Feuerübung durchgeführt haben.

Wichtig ist dabei, daß Sie sich voll auf das Erleben des Energiestroms konzentrieren, daß Sie spüren, wie die Energie durch Ihren Körper fließt.

Sie werden erleben, daß diese Energiespritze Ihnen besonders dann hilft, wenn Sie eine unruhige Nacht hinter sich oder zuwenig Schlaf bekommen haben.

Hier noch einige Zusatztips:

- Wiederholen Sie die Feuerübung auch tagsüber, besonders dann, wenn Sie sich ausgepowert und kraftlos fühlen.
- Wenn Sie bereits einige Streckübungen praktizieren, die Ihnen guttun, dann fahren Sie damit weiter fort. Nutzen Sie die beschriebene Atemtechnik und funktionieren Sie damit Ihre Techniken zu einem Feuerenergie-Tanken um.
- Nutzen Sie, wann immer Sie Gelegenheit dazu haben, die natürliche Kraft der Sonnenstrahlen und lassen Sie die Sonnenenergie ein paar ruhige Atemzüge lang in sich einströmen.
- Sie können die *Zweite Übung* auch abends wiederholen, ohne Gefahr zu laufen, zu aufgekratzt zu sein und dann nicht schlafen zu können. Im Gegenteil: Nach einem Tag harter Arbeit kann Ihnen diese Übung wieder neue Energie zuführen.
- Vergessen Sie nie, beim Ausatmen der Feuerenergie zu danken.

Die DRITTE ÜBUNG - STÄRKEN

Die Erde ist der Ort, auf dem sich unser physisches Leben abspielt. Die Erde ist Materie, verdichtete Energie. Auf den Menschen bezogen entspricht das Erdelement dem Körper. Ohne den Körper wären wir Geistwesen, die ohne Zeit und Raum, ohne Materialisierung leben könnten.
Unser Erdelement ist gestört, wenn wir uns ungesund ernähren, uns zu wenig erholen, zu wenig schlafen, zu wenig Feuerenergie in uns aufnehmen. Unser Erdelement

wird gestärkt, wenn wir unseren Körper mit Bewegung und ausgewogener Ernährung versorgen. Dazu gehört - wie ich bereits in dem Kapitel über die Vier Elemente erläutert habe - noch die richtige Wahl des Wohnorts und die Bewahrung einer gesunden Umwelt.

Bevor ich Ihnen die *Dritte Übung* beschreibe, noch ein Wort der Warnung: Wir können, bevor wir essen, noch so positive Gedanken erzeugen oder noch so entspannt sein, wenn wir falsch und Falsches essen, werden wir unserem Körper dennoch schaden. Daher möchte ich Sie noch über einige indianische Empfehlungen zum richtigen Essen informieren.

<u>Essen nach Indianer-Art</u>

1. Finden Sie innere Ruhe, bevor Sie essen. Wenn Sie nervös, gehetzt oder ärgerlich sind, kann Ihr Körper die aufgenommenen Speisen nicht voll verdauen. Das gute, alte Tischgebet trägt dieser Tatsache Rechnung: Es verlagert unsere Gedanken vom Alltagsgeschehen auf das Essen und beruhigt uns innerlich mit der Danksagung an Gott und Mutter Erde.

2. Essen Sie langsam und kauen Sie gründlich. Sie helfen nicht nur Ihrer Verdauung, sondern Sie zügeln auch Ihren Appetit.

3. Kombinieren Sie keine Speisen, die nicht zusammengehören:

  - Keine Stärke (Knödel) mit Fleisch, Früchten, Käse oder Süßem;

  - Keine Zitrusfrüchte oder deren Säfte mit Milch.

4. Bevorzugen Sie Obst und Gemüse aus Ihrer Gegend. Sie helfen Ihnen, eine natürliche Widerstandskraft gegen die Krankheitserreger in Ihrer Region aufzubauen.

Kaufen Sie organisch gewachsene Produkte und halten Sie so Ihren Körper von Chemikalien frei.

Wenn möglich, bauen Sie Ihr eigenes Obst und Gemüse an.

5. Ernten Sie Früchte und Gemüse erst, wenn sie reif sind. Andernfalls verhindern Sie, daß sich ihre Nahrungsstoffe und Vitamine entfalten können.

6. Vermeiden Sie Speisen mit Konservierungsstoffen und künstlichen Zusätzen, frittierte Speisen (Pommes frites usw.), Süßstoffe und Schokolade (Säure!).

7. Reduzieren Sie drastisch: Schweinefleisch, Rindfleisch, Innereien, Eiweiß, Süßigkeiten, vor allem Kuchen, und Alkohol.

8. Trinken Sie mindestens acht Glas Wasser pro Tag:

- das erste nach dem Aufstehen,
- das zweite nach dem Frühstück,
- das dritte am Vormittag,
- das vierte vor dem Mittagessen,
- das fünfte nach dem Mittagessen,
- das sechste am Nachmittag,
- das siebte vor dem Abendessen,
- das achte nach dem Abendessen.

Die *Dritte Übung* ist wie die drei anderen sehr einfach und jeden Tag durchzuführen, denn sie kann, beginnend beim morgendlichen Frühstück, bei jeder Essensaufnahme vollzogen werden.

Erinnern Sie sich noch an die erste indianische Empfehlung zum richtigen Essen, nämlich innere Ruhe zu finden, bevor Sie essen? Gerade beim Frühstück scheint diese Regel besonders schwer durchführbar zu sein, weil wir in der Regel mit unseren Gedanken schon am Arbeitsplatz sind. Wenn Sie jedoch bereits die Wasser- und die Feuerübung hinter sich haben, wird es Ihnen leicht fallen, sich voll und ganz auf Ihr Frühstück zu konzentrieren. Dabei wird es Ihnen sicher helfen, wenn Sie jeden Morgen einfach ein paar Minuten früher aufstehen, so daß Sie ausreichend Zeit zu einem ruhigen, Energie spendenden Essen haben.

1.Schritt:
Danken Sie Mutter Erde dafür, daß sie uns täglich mit Nahrung versorgt. Betrachten Sie Ihre Speise für einen kurzen Augenblick und machen Sie sich dabei bewußt, daß Sie gleich stärkende Energie in sich aufnehmen werden.

2.Schritt:
Spüren Sie die Kraft mit jedem Bissen, den Sie zu sich nehmen. Kauen Sie bewußt und langsam. Es versteht sich von selbst, daß Sie während des Essens nichts anderes nebenbei machen, wie Zeitung lesen, Terminpläne studieren, Erledigungslisten erstellen, telefonieren oder fernsehen. Konzentrieren Sie sich nur auf die Energiezufuhr.

3.Schritt:
Genießen Sie. Erfreuen Sie sich am Anblick der Speisen. Nehmen Sie Ihr Mahl mit allen Sinnen auf.

4.Schritt:
Wenn Sie zwischendurch den Drang verspüren, der Erdenergie zu danken, dann tun Sie es. Tun Sie es auf jeden Fall aber nach Abschluß Ihres Frühstücks.

Sie werden schon bald spüren, daß Ihnen Ihr Frühstück und die anderen Mahlzeiten außerordentlich gut bekommen und Sie sättigen. Sie werden außerdem feststellen, daß Sie weniger Appetit auf tote Speisen und mehr Hunger auf frisches Obst und Gemüse entwickeln.

Hier noch einige Zusatztips:

- Essen Sie in dieser Art und Weise alle Mahlzeiten. Sie werden sich damit bewußt, wieviel Energie Sie sich täglich zuführen.

- Nach einiger Zeit werden Sie feststellen, daß sich Ihre Verdauung verbessert und Ihr Gewicht - wie von selbst - reguliert.
- Sollten Sie gezwungen sein, Ihre Nahrung bei einem Geschäftsessen oder bei einer Feierlichkeit zu sich zu nehmen, können Sie dennoch unbemerkt Ihr kleines Eßritual durchführen.
- Machen Sie es zu Ihrer Gewohnheit, alles, auch kleine Snacks zwischendurch, als Unterbrechung Ihres Alltags zu genießen. Essen Sie nie "nebenbei", das heißt während einer anderen Tätigkeit.
- Verfahren Sie genauso mit jedem Schluck, den Sie trinken, und danken Sie dabei dem Wasserlement.
- Auch beim Ankleiden oder beim Kauf neuer Kleidung sollten Sie Mutter Erde danken, denn sie versorgt uns auch mit den Materialien, mit denen wir unseren Körper schützen.
- Vergessen Sie nie, dem Erdelement zu danken.
- Tägliche Bewegung gehört auch in die Domäne des Erdelements. Ich werde auf sie jedoch in der nächsten Übung eingehen.

DIE VIERTE ÜBUNG - LOSLASSEN

Ohne Luft können wir nicht leben. Sauerstoff fördert unsere Durchblutung, bringt unseren Kreislauf auf Trab, versorgt unser Gehirn. Daher ist das Luftelement in der indianischen Tradition dem Gehirn, dem Verstand zugeordnet.
Ich habe bereits darauf hingewiesen, daß das Luftelement heutzutage im Großen und im Kleinen gestört ist. Die Luftverschmutzung in unserer Umwelt setzt sich in Streß und negativem = zerstörerischem Denken fort. Um überleben zu können, müssen wir die Störung der Luftenergie auf beiden Ebenen beheben. Wir müssen die Luftverschmutzung in unserer Umwelt beenden. Und wir müssen beginnen, positiv=aufbauend zu denken.

Der erste Schritt dahin ist, richtig zu atmen. Dann können wir Negatives loslassen und positive Energie aufnehmen.

In den spirituellen Traditionen der verschiedensten Kulturen wird der Luft, also dem Atmen, zentrale Bedeutung beigemessen. Zahlreiche Bücher über richtiges Atmen, Atemtherapie, Atemmeditationen usw. informieren über zum Teil komplizierteste Techniken. Die Verdienste dieser Anleitungen sind nicht zu leugnen. Doch fehlt den meisten Menschen die Zeit, diese langwierigen Prozesse durchzuführen.

Eine hierzulande weniger bekannte Atem-Tradition wurde uns von Max Freedom Long überliefert, der jahrzehntelang die spirituellen Techniken der Kahuna-Schamanen auf Hawaii studierte. Long berichtet von den heilenden Qualitäten des Huna-Atmens und beschreibt diese Technik wie folgt:

HUNA-ATMEN

o Stehen Sie aufrecht, atmen Sie aus und leeren Sie dabei Ihre Lungen vollständig.

o Atmen Sie dann langsam durch Ihre Nase oder, wenn sie verstopft ist, durch Ihren Mund ein, bis sich die Lunge ganz aufgebläht hat.

Wenn Sie dieses Atmen langsam durchführen, wird es zu keinem Schwindelgefühl kommen.

o Machen Sie diese Übung mehrmals täglich.

o Wenn Sie die Vorteile dieses Atmens testen wollen, dann stellen Sie sich einfach vor ein Bild und beobachten Sie es während des Atmens. Sie werden feststellen, daß Sie nach mehrmaligem Atmen die Farben klarer und detaillierter sehen werden.

Ich empfehle das Huna-Atmen als kleine Übung zwischendurch und als Vorbereitung auf die *Vierte Übung*, denn diese Technik, mit der wir Vater Luft um Energie bitten, sollten Sie auf jeden Fall erst dann anwenden, wenn Sie schon ein paarmal tiefes Ein- und Ausatmen geübt haben, sodaß Sie sich nicht mehr auf die Atemtechnik konzentrieren müssen, sondern ganz auf das Loslassen von Gedanken, Sorgen, Ärger usw. fokussieren können.

Den größten Effekt erreichen Sie mit dieser Luftübung, wenn Sie sie beim Gehen - am besten im Freien - ausführen. Durch Bewegung stärken Sie Ihren Körper, durch das bewußte Atmen Ihren Verstand.

Es ist mittlerweile durch Gesundheitsprogramme, Zeitungsartikel, veröffentlichte Statistiken und Ratgeber-Bücher hinlänglich bekannt, daß wir uns mindestens einmal pro Tag mindestens dreißig Minuten bewegen (Gehen, Joggen, Radfahren, Schwimmen) sollten. Am einfachsten ist dieser Ausdauersport beim Gehen durchzuführen, denn wir gehen täglich - das heißt: wenn Sie noch nicht gehen, beginnen Sie damit gleich heute. Gehen Sie, wann und wo immer Sie können, beachten Sie dabei einige Tricks, die Ihnen helfen, das Optimale aus Ihrer Übung herauszuholen.

SO GEHEN SIE RICHTIG

o Gehen Sie immer aufrecht, Kopf oben, Schultern nach hinten, Muskeln und Gelenke locker.

o Schauen Sie nach vorne und schwingen Sie die Arme.

o Finden Sie einen für Sie angenehmen Schritt und rollen Sie Ihr Körpergewicht bewußt von den Fersen in die Zehen. Stoßen Sie sich mit den Zehen ab.

o Halten Sie die Füße parallel.

o Wenn Sie Ihre Geschwindigkeit erhöhen wollen, schwingen Sie einfach die Arme schneller und höher. Ihre Beine werden folgen.

o Atmen Sie dabei ruhig ein und aus, wie ich es in der *Vierten Übung* gleich beschreibe.

Gelegenheit zum Gehen findet sich überall: auf dem Weg zur Arbeit, bei Erledigungen, bei Einkäufen, in der Freizeit. Lassen Sie Ihr Auto, sooft Sie können, zu Hause, benützen Sie die öffentlichen Verkehrsmittel - aber nicht bis zu Ihrem Ziel, sondern so, daß Sie noch eine Strecke zu gehen haben. Sie helfen damit nicht nur unserer geschundenen Umwelt, unserem gestörten Luftelement, sondern vor allem sich selbst und Ihrer körperlichen und geistigen Gesundheit.

Ich habe seit meiner Rückkehr aus den USA ganz bewußt auf die Anschaffung eines Autos verzichtet und werde auch in Zukunft dabei bleiben. Mein Leben ist seitdem viel entspannter geworden. Während Sie im Stau stehen, um in den Urlaub zu fahren, sitze ich im Zug und lese ein Buch, betrachte die Landschaft oder esse gemütlich im Speisewagen. Wenn Sie sich am Morgen auf dem Weg zur Arbeit über den Stoßverkehr ärgern, lese ich in der Straßenbahn meine Morgenzeitung und tanke Energie, indem ich einen Teil der Wegstrecke laufe. Wenn Sie abends im Lokal nach dem ersten Glas Wein auf Mineralwasser umsteigen müssen, weil Sie ein verantwortlicher Autofahrer sind, kann ich mir noch ein zweites Gläschen genehmigen, wohl wissend, daß ich es beim anschließenden Nachhausegehen wieder abbaue. Und vor allem: Während Sie täglich mit dem schlechten Gewissen leben müssen, daß Sie zur Verpestung unserer Luft mit Schadstoffen und zur Zerstörung unserer Umwelt beitragen, fühle ich mich gut, weil ich meinen, wenn auch kleinen Beitrag zur Bewahrung unserer Umwelt leiste.

Aber: Mir geht es gar nicht darum, grüne Politik zu machen. Ich möchte nur das Wissen, das ich bei den Indianern Nordamerikas gelernt habe, umsetzen und verbreiten, weil ich glaube, daß wir keine andere Wahl mehr haben, als uns deren Lebensweise anzueignen, wenn wir wollen, daß auch unsere Kinder noch einen bewohnbaren Planeten vorfinden.

Nehmen wir also an, irgendwann während Ihres Tages, am besten natürlich nach dem Frühstück, nachdem Sie sich bereits mit den anderen drei Elementen verbunden haben, haben Sie Gelegenheit zu gehen. Das ist die Gelegenheit für die *Vierte Übung*.

In dieser Übung geht es um Ihre Gedanken: um das Loslassen negativer Gedanken und das Aufnehmen frischer, anregender Luftenergie. Daher sind der Morgen und der Abend (vor und nach der Arbeit) dafür besonders geeignet.

1. Schritt:
Atmen Sie, während Sie gehen, bewußt ein. Fühlen Sie, wie frische Luft in Sie einströmt und Ihren Kopf klar macht. Zu Beginn wird es hilfreich sein, dabei langsam bis vier zu zählen, damit Sie sich an den richtigen Atemrhythmus gewöhnen.

2.Schritt:
Während Sie - wiederum bis vier zählend - langsam ausatmen, lassen Sie alle Gedanken ziehen. Lassen Sie bewußt alles los, was Ihnen in den Sinn kommt: Alle Gedanken, ob positiv oder negativ.

3.Schritt:
Atmen Sie jetzt wieder bewußt ein und spüren Sie, wie Sie sich leichter fühlen. Stellen Sie sich vor, Ihr Kopf sei ein Haus, bei dem alle Fenster und Türen weit offen stehen, und eine sanfte Brise wehe durch das Haus.

4.Schritt:
Sehen Sie vor Ihrem geistigen Auge, wie die sanfte Brise - während Sie ausatmen - alle Gedanken wie Staub aus Ihrem Haus hinausbläst.

Danken Sie der Luftenergie dafür, daß sie Sie unterstützt und stärkt.

Fahren Sie dann mit diesem Prozeß fort, bis Sie das Gefühl haben, einen klaren Kopf zu haben. Spüren Sie die Leichtigkeit, mit der Sie jetzt gehen.

Wenn Sie diese Übung täglich durchführen, werden Sie feststellen, daß Sie sich besser konzentrieren können, weniger gestreßt sind und frische, klare Gedanken schöpfen können.

Hier noch ein paar Zusatztips:

- Lassen Sie sich nicht entmutigen, wenn Sie einmal keine Zeit für einen Spaziergang haben. Auch eine kurze Wegstrecke reicht für diese Übung aus.
- Praktizieren Sie sie vor allem dann, wenn Sie sich ausgepowert, gestreßt und down fühlen.
- Sollten wirklich einmal Umstände oder Wetter einen Gang nach draußen verhindern, dann machen Sie die Übung am geöffneten Fenster.
- Nach meiner Erfahrung ist diese Übung besonders kraftvoll, wenn es draußen windig ist.
- Vergessen Sie nie, der Luftenergie zu danken.

ZUSATZÜBUNG - FREUDE HABEN

Wenn Sie die *Vier Übungen* jeden Tag durchführen, werden Sie bald merken, wie sich Ihr Leben positiv verändert. Genießen Sie es! Was wir jedoch oft vergessen, ist, uns Zeit für die Freuden des Lebens zu nehmen. Wir essen gehetzt, statt das Essen zu genießen; atmen unbewußt, statt zu fühlen, wie wir mit jedem Atemzug Energie aufnehmen; waschen uns, ohne uns am Prozeß des Reinigens zu erfreuen; haben kein Gespür für die wohlige Wärme der Feuerenergie.

Mit den *Vier Übungen* wird das jetzt alles anders!

Aber: Sie sollten noch einen Schritt weitergehen und das Leben zelebrieren!

Die schönste Gelegenheit dazu gibt Ihnen eine Liebesbeziehung. Gerade in unseren Partnerschaften vergessen wir vor lauter Alltagspflichten allzu oft den Aspekt der Freude, des Genusses.
Sex beginnt im Kopf. Wenn aber unser Kopf voll ist mit all den Aufgaben und Dingen, die wir noch unbedingt zu erledigen haben: Wie soll da eine erotische Stimmung aufkommen?
Obwohl wir wissen, wie wichtig das Gefühl und die Entspannung der Sexualität für uns sind, verstehen wir es nicht, den geeigneten Rahmen für eine sinnliche Erfahrung herzustellen. Das haben wir in der Schule nicht gelernt! Vor allem, wenn die erste Verliebtheit in einer Beziehung zu Ende ist, überwältigt uns unsere eigene Einfallslosigkeit.

Sexualität ist nach Meinung der Indianer Energie. Energie baut sich auf und muß sich verströmen können. Zurückgehaltene, eingesperrte Energie macht uns krank und unglücklich. Die von den christlichen Glaubenslehrern empfohlene Unterdrückung unserer Triebe ist ein Weg, diese Energie zu kanalisieren. Für die Indianer ist sie eher ein Ausweg für den Fall, daß der Mensch kein natürliches Ventil zur Verfügung hat. Denn das Verströmen sexueller Energie ist für sie ein Geben, das den Spender ebenso bereichert und erfüllt wie den Empfänger.

Sexuelle Energie ist Feuerenergie und findet ihren Ausdruck im Handeln. Jegliche Handlung, die mit Feuerenergie zu tun hat, fördert daher die sexuelle Power. Trommeln, Singen, Tanzen sind einige der Riten, mit denen die Indianer diese Energie aufbauen. Wir leben zwar nicht in einem Stamm, der regelmäßig Trommel- oder Tanzrituale veranstaltet, aber wir können trotzdem an diese Traditionen anknüpfen.

Die effektivste Technik, die wir in unserer Gesellschaft anwenden können, ist das Tanzen, genauer: das sich Gehenlassen in der Musik. Sie können es überall praktizieren. Es entspannt und aktiviert gleichzeitig. Es läßt Sie die Alltagspflichten vergessen und lenkt Ihre Aufmerksamkeit auf Ihren Körper. Die Musik macht beschwingt und locker.

FREUDE HABEN

1.Schritt:
Wählen Sie eine Musik aus, die Sie und Ihr Partner/Ihre Partnerin mögen. Sie sollte einen schnellen Rhythmus haben, der Sie animiert, Ihren Körper zu bewegen und zu schütteln. Ziehen Sie sich aus.

2.Schritt:
Betrachten Sie die rhythmischen Bewegungen, die Sie jetzt zur Musik machen, nicht als Vorspiel zum späteren Sex, sondern als Spaß an sich. Tanzen Sie aus Freude und weil es sich gut anfühlt, den Körper zu bewegen. Tanzen Sie solange, bis Sie sich ganz der Musik hingeben.

3.Schritt:
Beziehen Sie dann Ihren Partner/Ihre Partnerin mit in den Tanz mit ein. Lassen Sie es zu flüchtigen Berührungen kom-

*men. Konzentrieren Sie sich auf die Wahrnehmung Ihrer
Haut, Ihres Körpers.*
*Wenn Sie allein sind, lassen Sie es zu flüchtigen Berührun-
gen Ihrer Hände mit Ihrem Körper kommen.*

4.Schritt:
*Tanzen Sie nach einiger Zeit immer näher an Ihrem Part-
ner/Ihrer Partnerin. Fühlen Sie, wie sich Ihre Körper im
Rhythmus berühren. Fühlen Sie, wie Ihre Energie auf den
Partner/die Partnerin überspringt und fühlen Sie seine/ihre
Energie. Fassen Sie sich an, wo Sie wollen. Lassen Sie die
Energie des anderen, den Rhythmus der Musik und Ihre
eigene Energie eins werden.*
*Wenn Sie allein tanzen, erfühlen Sie Ihren Körper mit Ihren
Händen.*

Natürlich muß dieser Ausdruckstanz nicht automatisch in
einen Liebesakt münden. Vielleicht sind Sie und Ihr Part-
ner/Ihre Partnerin ja auch damit zufrieden, sich wieder einmal richtig ausgetobt zu haben. Aber Sie werden feststellen,
daß solch ein Tanz viele Energien freisetzt. Zumindest
nimmt dieser Tanz Ihre Gedanken vom Alltag fort. Und das
ist der Beginn von Entspannung und Freude.

TEIL II

DIE
VIER
MEDITATIONEN

Einführung: Die Energiespritze

Sie kennen jetzt die *Vier Übungen*, die Ihnen Tag für Tag neue Energie geben und Sie im Gleichgewicht halten. Mit ihrer Hilfe transformieren Sie Ihren Alltag. Natürlich wird es Tage geben, an denen Sie diese Übungen trotz ihrer Einfachheit und obwohl sie keine besondere Anstrengung erfordern, vernachlässigen.

"Ihr weißen Brüder sucht immer nach Gründen, ein schlechtes Gewissen zu haben," pflegte EagleBear zu sagen, wenn ihn Seminarteilnehmer auf unsere menschlichen Schwächen ansprachen. "Das Leben ist ein Fluß: manchmal fließt es ruhig dahin, dann geht es stürmisch zu, und manchmal scheint es, als ob das Wasser steht. Das gehört dazu. Jede Energie fließt in ihrem eigenen Rhythmus. Ihr wollt immer alles erzwingen. Die Kunst des Lebens besteht darin, sich dem Strom des Lebens hinzugeben, sich von ihm treiben zu lassen. Nach Phasen der Ruhe wird es immer Phasen der Aktivität geben. Wichtig ist nur, daß du dich nicht gegen den Strom stemmst. Genauso ist es auch mit den *Vier Übungen*. Es kann Zeiten geben, da bist du aus dem Rhythmus. Da vergißt du sogar die Übungen. Aber wenn du dir gegenüber aufmerksam bist, dann wirst du bald merken, daß dir etwas fehlt. Und dann wirst du automatisch wieder auf die *Vier Übungen* zurückkommen.
Dann wird es Zeiten geben, in denen du spürst, daß du mehr brauchst als die *Vier Übungen*. Dann solltest du dir die Zeit nehmen, die *Vier Meditationen* zu machen. Sie wurden mir von meinen spirituellen Lehrern beigebracht und sind besonders in der heutigen, gehetzten Zeit lebensnotwendig."

Diese Meditationen nach den Vier Elementen möchte ich Ihnen in diesem Zweiten Teil des Buches vorstellen. Während die *Vier Übungen* der Grundbaustein und das Fundament sind, auf dem Sie beginnen, sich in Ihrem Inneren ein sicheres Haus zu bauen, sind die *Vier Meditationen* das Erdgeschoß, in dem Sie sich wohl und sicher fühlen. Ihr Haus ist dann gewissermaßen bewohnbar.

Die *Vier Meditationen* sind eine Bestandsaufnahme, die Sie mindestens alle sechs Monate machen sollten.

Sie bringen Sie in engen Kontakt mit sich selbst.

Sie sind Ihre individuellen Krafttage - eine Kur für Körper, Verstand, Seele und Geist.

Sie sind der intensivste Urlaub, den Sie sich gönnen.

Sie entsprechen dem Konzept der Visionssuche, die in der indianischen Tradition immer dann durchgeführt wird, wenn wir Inspiration und Orientierung in unserem Leben brauchen.

Die *Vier Meditationen* sind wie die *Vier Übungen* einfach durchzuführen. Sie geben Ihnen die Möglichkeit:

- Ihren Körper zu entspannen und Ihre Gesundheit zu fördern;
- Ihren Streß loszulassen und innere Ausgeglichenheit herzustellen;
- Ihre Selbstzweifel abzulegen und selbstbewußt und erfolgreich zu
   werden;
- Energie zu tanken und Ihre Vitalkraft zu steigern.

Ich habe die *Vier Meditationen* in der gleichen Reihenfolge angeordnet wie die *Vier Übungen*: Wasser, Feuer, Erde und

Luft, weil wir sie nach meiner Erfahrung in dieser Reihenfolge am häufigsten brauchen.

Wie immer gibt es für die Anwendung der Übungen keine Regeln und Vorschriften. Die Hinweise, die ich Ihnen gebe, sind nur Hilfestellungen. Wenn Sie sich besser fühlen, die Wassermeditation zum Beispiel im Stehen statt im Sitzen zu machen, oder wenn Sie die Feuermeditation lieber beim Sonnenuntergang statt beim Sonnenaufgang durchführen wollen, oder wenn Sie etwa bei der Erdmeditation sich eher die Farbe Grün statt Braun vorstellen mögen, oder oder oder - dann, bitte, tun Sie es. Sie müssen sich dabei wohlfühlen. Machen Sie die Meditationen dann, wann Sie das Bedürfnis danach haben. Nach meiner Erfahrung ist der Urlaub eine besonders geeignete Zeit dafür. Aber, bitte, probieren Sie sie wenigstens ein paar Mal aus, damit Sie spüren, wie gut sie Ihnen tun.

Die Erste Meditation

Das Wasser ist das reinigende Element. Es schwemmt alles aus uns heraus, das uns belastet und macht uns weich und offen für Neues. "Du mußt eine Verbindung zum Wasser aufbauen, wenn du es als Verbündeten haben willst," sagt EagleBear. "Wenn du Großmutter Wasser - so nennen unsere Völker das Wasserelement - achtest und ihr deine Dankbarkeit zeigst, dann wird sie dich in ihre Obhut nehmen wie eine Großmutter, die sich um dich sorgt, dich verwöhnt und immer für dich da ist, dir weise Ratschläge gibt und dir hilft, wenn du in Not bist: weil sie dich liebt. Ohne Großmutter Wasser gäbe es nicht ihre Kinder, Mutter Erde und Vater Luft. Beim Menschen ist das genauso: Wenn deine Seele unausgeglichen und unzufrieden ist, wenn du dich also nicht gut fühlst, wird deine Gesundheit leiden und dein Denken gestört. Dein Körper wird krank und deine Gedanken werden negativ und verwirrt.

Großmutter Wasser hilft dir, dein Wasserelement, deine Gefühle auszugleichen. Sie gibt dir ihre Energie, damit du dich wohlfühlen kannst."

Die *Erste Meditation* verbindet Sie mit dem Wasserelement, und zwar in einem weitaus intensiveren Maße als die Erste Übung. Allerdings können Sie die Meditation normalerweise nicht täglich ausführen. Aber das ist auch gar nicht notwendig, denn sie ist so kraftvoll genug, daß es nach meiner Erfahrung genügt, sie einige Male pro Jahr - je nach persönlichem Bedarf - zu machen.

Sie erfordert auch einiges an Vorbereitung. Doch das ist Teil des Vergnügens, das die *Vier Meditationen* bereiten.

Die Indianer sehen in unserer Welt das Paradies. Aufgrund unserer westlichen Erziehung ist uns dieser hedonistische Aspekt gründlich ausgetrieben worden: Das Leben hat ein Kampf zu sein, so wurde uns eingebleut. Wenn etwas Spaß macht, dann ist es entweder verboten - oder macht dick, wie die Amerikaner immer zu scherzen pflegen.

Die Indianer sind davon überzeugt, daß wir nur dann das Walten des Großen Geistes verstehen, wenn wir die Schönheit seiner Schöpfung begreifen, wenn wir Spaß am Leben haben. Indianische Meditationen sind im Unterschied zu den fernöstlichen weniger geistige Versenkung als sinnliche Erfahrung anderer Bewußtseinszustände, während wir in der körperlichen Ebene bleiben. Indianer meditieren daher im Freien, mit den Vier Elementen. Dieser Aspekt ist wichtig, damit wir verstehen, warum wir bei den *Vier Meditationen* immer auch unsere Sinne sensibilisieren müssen.

EagleBear und ich haben die *Vier Meditationen* in unseren Seminaren jeweils an einem alten indianischen Kraftort

durchgeführt. Ich möchte Sie ermutigen, in Ihrer unmittel-
baren Umgebung nach solchen Kraftorten zu suchen. Es
gibt in Deutschland, in Österreich, in der Schweiz, ja in ganz
Europa zahllose Orte mit erhöhter elektromagnetischer
Schwingung. Viele dieser Plätze sind von den "Indianern
Europas", unseren direkten westeuropäischen Vorfahren,
den Kelten, als Kultstätten benutzt worden. Die spirituellen
Traditionen dieser Kelten sind denen der Indianer sehr ähnlich. Leider ist diese reiche geistige Kultur unserer Vorfahren immer noch zu wenig erforscht.

Um das Phänomen der Kraftorte etwas genauer zu beschreiben, gestatten Sie mir einen kleinen Exkurs zum Thema:

Orte der Kraft

Schwingungen und ihre Häufigkeit oder Frequenz sind der
Schlüssel zum Verständnis von physischer Gesundheit. Wir
fühlen uns gesund, wenn unsere Schwingung mit unserer
Umwelt harmonisiert. Aber schwingt diese Umwelt? Ist
diese Erde nicht Materie, Masse? Sie ist beides. Die Erdmasse schwingt in Hertz und Gauß.
Der Wissenschaftler James A. Swan faßt die gegenwärtige
Anschauung der Physik von dem, was unsere Erde eigentlich
ist, in seinem Buch "Sacred Places" (Heilige Plätze) zusammen: "Die Erde hat ein bipolares elektromagnetisches Feld,
das eine positive Spannung von 120 bis 150 Volt pro Meter
Intensität aufweist. ... Die Stärke dieses elektromagnetischen
Feldes beträgt zwischen 0,2 und 0,7 Gauß. Die Wellen, die
durch dieses Feld pulsieren, schwingen langsam oder
schnell." So vibrieren die Wellen vor einem Gewitter oder
während eines Erdbebens mit 100 Umdrehungen (Hertz) pro
Sekunde, während sie sich auf stiller See bis auf 1 Hertz ver-
langsamen. Später fährt Swan fort: "Die durchschnittliche
Frequenz liegt zwischen 3 und 14 Hertz, die sogenannte

Schumann-Resonanz... Studien haben gezeigt, daß Orte, die innerhalb dieses Resonanz-Bereichs liegen, Entspannung und das Entstehen kreativer Visionen fördern."

Wie können diese langsam schwingenden Felder Heilung und Kreativität im Menschen beeinflussen? Starke elektromagnetische Felder - die Feuer-Energie - laden die Luft-Moleküle elektrisch auf, so daß sie entwender positive oder negative Ionen bilden. Negative Luft-Ionen treten in Tannenwäldern, an Wasserfällen, an Felsen, die einen hohen Uraniumgehalt aufweisen, auf Berggipfeln und am Meeresstrand auf. Sie beeinflussen die chemische Zusammensetzung unseres Blutes und erzeugen somit ein Gefühl von Entspannheit, Energie und Wohlbefinden. Alle indianischen Orte der Kraft weisen ein Übergewicht an negativen Luft-Ionen auf.

Positive Ionen entstehen durch Plastik, synthetisches Bau- und Einrichtungsmaterial, in schlecht belüfteten Räumen und in den berühmten Südwinden: dem Föhn in Bayern, dem Mistral in Südfrankreich, dem Schirokko in Italien, dem Sharav in Israel und dem Santa Ana in Südkalifornien. Die Auswirkungen dieses positiven Ionen-Beschusses - Gereiztheit, Nervosität, Niedergeschlagenheit, Aggression - werden Ihnen klar, wenn Sie einmal bei Föhn mit Ihrem Auto durch München oder bei Santa Ana durch Los Angeles fahren.

Da die Erdmasse an jedem Ort unterschiedlich schwingt, ergibt sich das Problem, wie der Mensch von Ort zu Ort harmonisch mitschwingen kann.

Seit alters haben die Indianer Nordamerikas wie auch die eingeborenen Kulturen anderer Erdteile - wie die Kelten in Europa - nach dieser Harmonie gesucht. Da die Erde als lebendes Wesen verstanden wurde, mußte der Mensch darauf achten, ihre Seele und ihren Geist (= ihre Schwingung) zu bewahren. Und da der Mensch als Teil der Erde gesehen wurde, mußte er seine Taten den Erd-Schwingungen anpassen. Der Bau von Siedlungen und das Anlegen von Feldern und Weideplätzen erfolgte nach dem Vorschlag der Erdkundigen, und das waren die Druiden und Schamanen.

Sie wußten, wo die Energien besonders stark waren und ließen dort Kultstätten errichten. Viele unserer alten Dome sind auf solchen Orten der Kraft gebaut (Die Baumeister des Mittelalters - Frei-Maurer - wußten darüber). Sie bestimmten Orte und Quellen als heilig, zur Heilung fähig. Die meisten Kurorte Nordamerikas und Europas sind bereits seit Jahrtausenden von den "Eingeborenen" benutzt worden, und wir wissen heute, daß es die Minerale in der Erde oder im Wasser sind, die uns heilen. Die indianische Tradition weiß von geographischen Orten, an denen die Erd-Schwingungen so stark sind, daß sie die Menschen nicht nur physisch, sondern auch intellektuell, emotional und vor allem spirituell heilen.

Die Navajos und Hopis glauben, daß diese speziellen Orte normalerweise von vier heiligen Bergen (vier Pforten) umgeben sind und einen Berg mit männlicher und einen mit weiblicher Energie in ihrem Zentrum haben. Diese Ansicht wird auch von verschiedenen Stämmen Afrikas und von den spirituellen Traditionen Tibets eingenommen.

Daß diese Anschauung nicht Aberglaube ist, zeigen Untersuchungen solcher Kraftorte. Vor allem auf dem Colorado Plateau in der Four Corners Area, wo die vier US-Bundesstaaten Utah, Colorado, Arizona und New Mexico aneinandergrenzen, sind höhere elektromagnetische Schwingungen und starke Ionisation gemessen sowie häufige Luftdruck-Wechsel und turbulente Wetter-Veränderungen beobachtet worden. Navajos und Hopis betrachten diese Gegend als das Herz der Erde.

Eine interessante Studie von Joan Price (1977) zeigt, daß diese Region intensive Sonneneinstrahlung, hohe Uranvorkommen und die höchste Blitz-Aktivität auf der Erde aufweist. Die Energie-Konzentration erreicht dort im Juli und August ihren Höhepunkt - danach wandert dieses "Lichtfeld" entlang der Rocky Mountains-Wirbelsäule zu den Gebirgen Mittel- und Südamerikas und erreicht das Gebiet westlich des Amazonas-Beckens im Februar. Nach den Monsun-Regen dort bewegt sich dieses Energiefeld wieder auf den Bergrücken zurück zum Colorado Plateau. Die Indianer sagen, daß dieses Energiefeld die gesamte Erde in elektrischem Gleichgewicht hält, vergleichbar mit der Kundalini- oder Chi-Energie im menschlichen Körper. Die hohe Konzentration an elektrischer (Sonne, Blitze) und magnetischer Energie (Uran) erzeugt eine starke Ionisation der Luft. Die Auswirkungen eines solchen Kraftortes auf den Menschen sind vielfältig. Besucher berichten über ein Kribbeln auf der Haut, Veränderungen in der Körpertemperatur, ein Gefühl des Wohlbefindens; manche sahen Licht oder ungewöhnliches Leuchten, andere hörten ungewohnte Laute. In meinen Seminaren an diesen Orten konnte ich an mir selbst und an den Kursteilnehmern die unterschiedlichsten Reaktionen beobachten. Als Grundregel stellte sich heraus: Kraftorte intensivieren und verstärken, was man in sich fühlt. Wenn man deprimiert ist, wird man an einem Kraftort aller Wahrscheinlichkeit noch tiefer fallen, freilich mit der Möglichkeit, die Energien des Ortes für die Heilung einzusetzen. Wenn man sich vor seiner Ankunft wohlfühlt, dann wird man wahrscheinlich am Kraftort vor Energie und Freude sprühen.

Sedona ist der zweite der Kraftorte, den ich hier aus den zahlreichen anderen herausgreifen möchte. Die Künstlerkolonie Sedona im westlichen US-Bundesstaat Arizona vereinigt vier Energie-Vortices. Der Begriff vortex kommt vom Lateinischen "vertere" = drehen, wirbeln. Vortex beschreibt stets ein Bewegung, in der Teile kreisförmig um eine Achse rotieren. Die Wasser-Vortices, die entstehen, wenn Wasser einen Abfluß hinunterläuft, werden durch den Erdmagnetismus verursacht. Wirbelstürme sind ein anderes Beispiel für Vortices. Die Vortices an Kraftorten wie Sedona sind Energie-Vortices: die Nervenenden der elektromagnetischen Energielinien.

Alle Vortices in Sedona enden in Erderhebungen: den berühmten roten Felsen, die unvermittelt aus der Ebene hervorragen. Die vier Haupt-Vortices in Sedona weisen beide Energieformen auf: Bell Rock und Airport Mesa die elektrische (männliche) Energie und Boynton Canyon die elektromagnetische (männlich/weiblich) Energie.

Die unterschiedliche Energie dieser Plätze wurde von den Indianern für unterschiedliche Riten und Weihehandlungen benutzt. So gab und gibt es Orte für eine Vision Quest, Orte der Reinigung, Orte der Energieaufladung und Orte der Anbetung. In meinen Seminaren bin ich stets dieser indianischen Tradition gefolgt.

Gibt es Beweise dafür, daß die Energien dieser Plätze nicht nur außergewöhnliche Naturereignisse und körperliche Reaktionen auslösen?

Die Antwort ist eindeutig "Ja". Seminare, durchgeführt in Sedona von Heilern, Medien und Schamanen, von Lehrern wie Chris Griscom, Dick Sutphen und mir selbst, zeigen die Wirksamkeit der Energiefelder für physische, intellektuelle, emotionale und spirituelle Heilung. Studien in den USA (Roger Ulrich, A & M University, Texas; Jonathan Howland, Boston University School of Public Health und Bill Selby, Santa Monica College) belegen den Affekt der Natur auf den Menschen.

Aber es muß nicht das Colorado Plateau oder Sedona sein. Orte der Kraft gibt es überall. Suchen Sie sich Ihren Kraftort selbst: ein Ort, an dem Sie sich wohl und entspannt fühlen, ein Ort, zu dem Sie immer wieder gern zurückkehren. Das kann der Baum in Ihrer Nachbarschaft sein, oder der Wald, der See, der Fluß - oder wenn Sie es zu weit haben in die Natur, ein bestimmter Raum in Ihrem Haus, Ihre Kirche oder wo auch immer Sie sich vom Alltag entrückt fühlen. Suchen Sie diesen Platz für sich, erspüren Sie ihn mit Ihrer Energie.

Für die *Erste Meditation* sollten Sie sich einen Ort mit fließendem Gewässer in friedlicher Umgebung suchen. Wenn Sie einen alten, keltischen Kultplatz dazu auswählen wollen, studieren Sie die historische Literatur Ihrer Heimat, alte Chroniken oder das im Literaturverzeichnis angegebene Buch von Gisela Graichen. Als Faustregel gilt: jede natürliche Quelle ist ein Kraftort von Großmutter Erde, denn es bedarf besonderer Energie, um das Wasser aus der Erde emporsteigen zu lassen. Die meisten Kur- und Wallfahrtsorte, viele Klöster und alte Kirchen sind neben oder auf Quellen erbaut worden.

Nachdem Sie "Ihren" Ort der Kraft gefunden haben, müssen Sie zunächst die Energien des Ortes um Erlaubnis bitten, hier meditieren zu dürfen. Gehen Sie zu der von Ihnen ausgesuchten Stelle und entspannen Sie sich mit vier tiefen Atemzügen, wie Sie es bereits aus den *Vier Übungen* kennen. Sagen Sie dann:

"Mutter Erde, Vater Wind, Großmutter Wasser und Großvater Feuer, ich möchte mich hier mit euch verbinden. Bitte gebt mir ein Zeichen, ob hier der richtige Ort ist."

Wenn Sie ein klares Zeichen erhalten, nicht erwünscht zu sein - wie plötzliche Regenschauer oder Windböen, Auftauchen von störenden Leuten u.ä.-, dann danken Sie den Energien und gehen Sie weiter. Probieren Sie es an einer anderen, entfernteren Stelle noch einmal. Wenn Sie auch dort negative Antworten erhalten, dann brechen Sie Ihr Vorhaben ab und meditieren Sie ein anderes Mal oder suchen Sie sich einen neuen Kraftort.

Wenn Sie keine "Absage" erhalten, dann danken Sie den Energien des Ortes, indem Sie etwas Mehl oder Tabak auf

den Boden streuen. Danken Sie Großmutter Wasser besonders, indem Sie mit Ihrer rechten Hand das fließende
Gewässer, an dem Sie sitzen, mit Wasser, das Sie mitge-
bracht haben, besprengen. Machen Sie dabei eine Handbe-
wegung, als würden Sie Samenkörner ausstreuen.

An einem fließenden Gewässer

Lassen Sie jetzt, am Gewässer sitzend, alle Gefühle in sich
hochsteigen, die Sie dem Wasser anheimgeben wollen. Nehmen Sie sich Zeit dafür.

Um den Prozeß zu verstärken, können Sie jedesmal, wenn
Ihnen ein Problem bewußt geworden ist, Wasser verspren-
gen - in der gleichen Weise, wie Sie es anfangs getan haben.

Tauchen Sie dann, wenn Sie mit Ihrer Bestandsaufnahme
fertig sind, Ihre Füße ins Wasser und lassen Sie alles von
sich abfließen.

Spüren Sie, wie der fließende Strom alles mit sich fort-
schwemmt. Fühlen Sie, wie frische, unverbrauchte Wasser-
energie in Sie einzieht und hochsteigt. Mit jedem Ihrer tiefen
Atemzüge saugen Sie diese wohltuende, ausgleichende
Energie in sich auf. Und mit jedem Ausatmen lassen Sie Ihre
verbrauchten, belastenden Energien abfließen.

Irgendwann wird der Zeitpunkt kommen, an dem Sie sich
erleichtert und frisch fühlen. Danken Sie jetzt Großmutter
Wasser für Ihre Hilfe. Lassen Sie Ihre positiven Gefühle der
Dankbarkeit und Liebe über Ihre Füße ins Wasser strömen.
Spüren Sie, wie die Energie des Wassers mit Ihrer eigenen
Energie einen Kreislauf bildet.

Fühlen Sie dieses Gefühl tiefer innerer Dankbarkeit und Zufriedenheit auch, während Sie Ihre Füße wieder aus dem Wasser nehmen. Lassen Sie sie für ein paar Augenblicke auf dem Erdboden ruhen und geben Sie Ihre Energie jetzt auch an die Erde ab. Damit danken Sie den Elementen des Ortes, auf dem Sie sitzen.

Verweilen Sie noch, wenn Sie sich danach fühlen. Spüren Sie, was in Ihrem Körper und in Ihrer Seele vorgeht.

Im Regen

Nun wird es für Sie nicht immer möglich sein, in die Natur zu fahren und Ihren Kraftort aufzusuchen. Ich habe in meinen Seminaren oft die Erfahrung gemacht, daß wir äußere Umstände gern als Ausrede benutzen, um Dinge nicht zu tun, obwohl wir wissen, daß sie uns gut tun. Mangelnde Zeit, Auto kaputt, schlechtes Wetter etc. - wir finden schnell einen Grund, nur nicht aus unserem Trott heraus zu müssen, denn wir haben uns an ihn gewöhnt. Auch wenn er uns auslaugt, so ist er uns doch vertraut, mehr jedenfalls als dieser "Indianer-Hokuspokus". Aber - Ausreden gelten nicht: Sie können die Meditation auch im nächsten Park, auf der nächsten Wiese bei Regen durchführen.

Ziehen Sie wetterfeste Kleidung an. Entspannen Sie sich bereits, bevor Sie nach draußen gehen. Lassen Sie dann vor Ihrem geistigen Auge alle Gefühle auftauchen, die Sie loswerden wollen.

Suchen Sie sich als nächstes einen Platz, an dem Sie ungestört sind. Danken Sie den Energien des Ortes mit Mehl oder Tabak. Sollten Sie eine Kopfbedeckung tragen, nehmen Sie sie jetzt ab (ebenso wie Ihre Brille, falls Sie Brillenträger sind).

Spüren Sie den Regen auf Ihrer Haut. Danken Sie Großmutter Wasser für ihre Energie, die auch den anderen Geschöpfen, den Pflanzen und Tieren, zugute kommt.

Atmen Sie tief ein und aus - wie Sie es bei den Vier Übungen gelernt haben. Fühlen Sie bei jedem Einatmen die Wasserenergie in sich einfließen. Bei jedem Ausatmen lassen Sie Ihre Gefühle, alles, was Sie belastet, los.

Am Ende danken Sie Großmutter Wasser für ihre Hilfe.

Im Unterschied zur *Ersten Übung* werden bei der *Ersten Meditation* tiefere Bewußtseinsprozesse ausgelöst. Eagle-Bear sagt: "Ihr denkt immer, es kommt ausschließlich auf eure Konzentration an, darauf, wie gut ihr meditieren könnt. Fast alle weißen Brüder unterschätzen die Kraft der Natur. Verbindet euch mit den Energien der Natur, das heißt: mit den Vier Elementen, und ihr werdet spüren, wieviel Energie euch zufließt. Die Natur hat mehr power als alle Techniken, Drogen oder sonstige Hilfsmittel."

Hier einige Zusatztips:

- Machen Sie die *Erste Meditation* wenigstens zweimal pro Jahr.
- Am kraftvollsten sind alle *Vier Meditationen* an den vier Energietagen des Jahres: der Wintersonnenwende, dem Frühlingsanfang, der Sommersonnenwende und dem Herbstanfang.
- Verbinden Sie die *Vier Meditationen* mit einem Urlaub. Suchen Sie sich Ihr Ferienziel danach aus, ob es Kraftorte aufweist. Da es auf der ganzen Welt Orte der Kraft gibt, dürfte es Ihnen nicht schwer fallen. Sie bereichern Ihren Urlaub damit um eine spannende spirituelle Komponente.
- Sie können freilich die Meditation so oft machen, wie Sie

sich danach fühlen. Es gibt keine Überdosis. Und Sie brauchen Ihren Arzt oder Apotheker nicht nach Nebenwirkungen zu befragen.

- Führen Sie über Ihre Erfahrungen Tagebuch. Sie werden später mit Freude und Stolz Ihren Erfolg nachlesen können: Legen Sie, bevor Sie sich der *Ersten Meditation* unterziehen, eine Liste der Gefühle und Probleme an, die Sie ändern oder loswerden möchten. Diese lassen Sie dann während der Meditation los. Spätestens bevor Sie zu Ihrer nächsten Meditation aufbrechen, lesen Sie die Liste wieder durch: Sie werden feststellen, daß sich nahezu alle Ihre Probleme erledigt haben.

- Ärgern Sie sich nicht, wenn vor jeder Meditation neue Probleme Ihre Liste füllen. Das Leben ist ein Lernprozeß. Wenn Sie einmal nichts mehr einzutragen wissen, dann fragen Sie sich, ob Sie nicht in Ihrer Entwicklung stehengeblieben sind.

- Vergessen Sie nie dem Wasserelement=Großmutter Wasser zu danken.

Die Zweite Meditation

In meinem eigenen Leben und in meinen Seminaren habe ich die Erfahrung gemacht, daß die *Erste Meditation* uns helfen kann, uns besser zu fühlen, weil wir uns von altem Schrott, der uns nur belastet, aber nicht unterstützt, befreien können. Wir werden aufnahmefähig für neue Erfahrungen, stehen uns nicht selber im Weg.

Dennoch brauchen wir auch andere Energien. Es gibt Phasen im Leben, in denen wir uns kraftlos und ausgebrannt fühlen. So, als hätte jemand die Energie aus uns herausgesaugt.Es gibt auch Zeiten, in denen wir neue Projekte planen, uns beruflich oder privat verändern und Extra-Energie brauchen: einen Energieschub, eine Energiespritze.

Diese Vitalkraft liefert uns die Feuerenergie. "Großvater Feuer gibt Schwester Pflanze die Kraft zu wachsen, die dann Bruder Tier und uns Menschen zugute kommt," sagt Eagle-Bear. "Ohne Großvater Feuer leiden Mutter Erde und Vater Wind. So ist es auch beim Menschen: Ohne Lebensenergie wird der Körper krank, hört der Verstand zu denken auf."

Die Sonne ist die Quelle, die uns mit Feuerenergie versorgt. Wie jede Energie bedarf sie der Balance, der Ausgeglichenheit. Ein Zuviel ist genauso schädlich wie ein Zuwenig. Wir erleben diese Tatsache momentan an der Zerstörung des Ozonschildes. Dort, wo die Sonnenstrahlen ungefiltert auf die Erde treffen, wie etwa in Australien und Neuseeland, aber langsam auch auf der nördlichen Halbkugel der Erde, richten sie Schaden an: Sie stören den gesunden Pflanzenwuchs und verursachen beim Menschen Hautkrebs.
Hinzu kommt, daß der Mensch durch fossile Brennstoffe, elektromagnetische und atomare Energie die Atmosphäre aufheizt, also einen Überschuß an Feuerenergie produziert. Die Auswirkungen dieses von uns verursachten Ungleichgewichts werden wir in den nächsten Jahren noch bitter zu spüren bekommen.
Allerdings ist dieser Überschuß an Feuerenergie nicht automatisch auf den Menschen übertragbar, denn obwohl wir in einer "überheizten" Umwelt leben, fehlt uns oft diese Energie im Inneren. Fast scheint es, als ob das Zuviel im Äußeren ein Zuwenig im Inneren hervorruft, als würden wir durch das Energiebombardement ausgelaugt - wie ein Stromnetz, das unter zuviel Anspannung zusammenbricht, ein Computer, der die *overload* nicht mehr bewältigen kann.

Was wir brauchen, ist die Zufuhr von natürlicher Feuerenergie - und zwar in der richtigen Weise. Darum geht es in der *Zweiten Meditation*.

Die Feuerenergie im Menschen ist in zwei Formen spürbar: als spirituelle und als sexuelle Energie. In der fernöstlichen Tradition wird diese Kraft auch als Kundalini bezeichnet. In den Yoga-Texten wird Kundalini als schlafende Schlange dargestellt, die am unteren Ende des menschlichen Rückgrats zusammengerollt liegt. Dieses Bild symbolisiert ihre enge Verbindung mit den Geschlechtsorganen sowie mit der Lebenskraft: Lebensenergie und spirituelle Erfahrung gehören nach der Tradition des Kundalini zusammen. Daher haben westliche Wissenschaftler Kundalini auch übersetzt als "latentes Energiereservoir", "ruhende Kraft" und "psychosomatisches Kraftzentrum".

Nach der Lehre des Tantra-Yoga fließt diese Energie ähnlich dem elektrischen Strom durch ein Netz feiner Nerven, verbindet Körper und Geist und hält den gesamten Körper funktionstüchtig. Diese Lebenskraft im Körper konzentriert sich in besonderen Energiezentren, den sogenannten Chakras. Die Chakras sind Energiewirbel, die korrespondierende Körperregionen beeinflussen, beleben und kontrollieren.

Kundalini wird oft mißverstanden als Sublimation der genitalen Sexualenergie, wie es schon Freud gefordert hatte, in eine höhere Bewußtseinsenergie, also als "Hinaufzwingen" der Sexualenergie aus dem Wurzelchakra am unteren Ende der Wirbelsäule in die oberen Chakras. In der Yoga-Praxis ist jedoch genau das Gegenteil der Fall: Das Höhere oder Gottes-Bewußtsein wird von seiner Einengung und Beschränkung durch die Sexualenergie befreit und der Fokus dabei auf diese höheren Schwingungsfrequenzen gelenkt.

Das Erwecken der "Feuerkugel", wie Kundalini auch genannt wird, geschieht in der fernöstlichen Tradition üblicherweise durch eine der folgenden vier Techniken:

1. Physische Methoden. Die Ausübung von Hatha-Yoga mitsamt ihren Reinigungsübungen schult den Körper, die erhöh-

te Kundalini-Energie auszuhalten. Dazu gehören bestimmte Körperhaltungen und Atemübungen, die die Kundalini-Energie konzentrieren und durch die Chakras leiten.

2. Konzentration und Meditation. Durch meditative Konzentration auf bestimmte sensible Nervenfasern, zum Beispiel an der Nasenspitze oder an der Zungenwurzel, und auf bestimmte Chakras wird Kundalini erweckt. Zusammen mit der Wiederholung einer bestimmten Denkformel, eines sogenannten Mantras, oder einer Visualisierung kann die Versenkung in ein bestimmtes Chakra die Kundalini-Energie in das Zentrum leiten.

3. Körperliche und geistige Enthaltsamkeit. Anstatt die Lebenskraft im Dienst der Zeugung auszuströmen, wird die Energie nach oben geleitet. Anstelle einer äußeren Vereinigung von Mann und Frau findet eine innere Vereinigung des Männlichen - auch Shiva genannt - und des Weiblichen - Shakti - statt.

4. Verehrung von Shakti im Tantra-Yoga. Im Tantra wird Shakti durch Meditation und Mantras verehrt, so daß der Praktizierende in sich selbst Shiva und Shakti vereinigt. Es gibt auch Tantra-Schulen, in denen diese Vereinigung durch Partner tatsächlich stattfindet. Es handelt sich dabei jedoch nicht um rein sexuelle Beziehungen, sondern die Partner beziehen sich als die Verkörperungen der Shiva- und Shakti-Energie aufeinander.

In der indianischen Tradition wird die Feuerenergie nicht so explizit in sexuelle und spirituelle Energie unterteilt. Jede Erfahrung der Vier Grundenergien Feuer, Wasser, Erde, Luft ist für die Indianer ein heiliger, ein spiritueller Akt, denn die Indianer sehen, wie ich bereits oben erläuterte, die Erde als das Paradies an, und jede sinnliche Erfahrung der Schöpfung in ihrer perfekten Schönheit als eine Erfahrung der höheren oder Gottes-Energie - egal ob das ein Erleben der Wasser-, der Luft-, der Erd-, der Sonnen- oder der Sexualenergie ist. EagleBear: "Wenn du die ungeheure Schönheit des Ganzen begreifst, dann spielt es keine Rolle, ob du das Feuer als Sonnenkraft in dir emporsteigen fühlst oder ob du es in einer sexuellen Vereinigung erlebst. Wichtig ist nur deine innere Einstellung dabei: Wenn du die Großartigkeit spürst, die hinter diesen Wundern liegt, dann bist du im Einklang, dann bist du eins mit der schöpferischen Energie."

Und damit sind wir bei der *Zweiten Meditation*. Auch hier ist es wichtig, daß Sie sich Zeit nehmen, einen geeigneten Platz zu finden. In meinen Seminaren habe ich immer Orte ausgewählt, die nach Osten hin offen waren, so daß wir die Kraft der aufgehenden Sonne ungestört empfangen konnten. Wenn es Ihre Zeit und die Umstände erlauben, empfehle ich Ihnen, noch einen zweiten Platz zu suchen, an dem sie auch die Strahlen der untergehenden Sonne aufnehmen können. Ich habe auch eine "Ersatz"- Meditation angefügt, die Sie am offenen Feuer oder mit einer brennenden Kerze ausführen können.

Sonnen-Meditation

Wenn Sie an Ihrem Platz angelangt sind, beginnen Sie mit Ihrer Atmung, die ich bereits mehrfach beschrieben habe. Danken Sie dann - wie immer - den Energien des Ortes mit Mehl/Tabak und Wasser.

Setzen oder legen Sie sich in Richtung der Sonne. Schließen Sie bei der Meditation die Augen, blicken Sie nie direkt in die Sonne!

Spüren Sie die Wärme Ihres Körpers, während Sie weiter tief ein- und ausatmen. Konzentrieren Sie sich dann auf die Energie der Sonne: Fühlen Sie, wie bei jedem Einatmen die Strahlen der Sonne in Sie einströmen und Sie mit Energie erfüllen - vom Scheitelpunkt an Ihrem Kopf über Ihr Gesicht, Ihre Schultern, Ihre Brust hinunter zu Ihrem Bauch, Ihren Hüften, Ihrem Sex-Zentrum und dann weiter in Ihre Beine und Füße.

Spüren Sie beim Ausatmen, wie Sie Körperwärme an die Erde, auf der Sie sitzen oder liegen, und an die Luft, in die Sie ausatamen, abgeben. Machen Sie die Erfahrung dieses Energiekreislaufs, der Sie reinigt und belebt. Sie fühlen, wie Sie leicht und voller Energie werden.

Nachdem Sie sich auf diese Weise mit der Feuerenergie verbunden haben, können Sie - wenn Sie es wollen - sich auf Ziele und Pläne konzentrieren, die Sie sich schon seit langem vorgenommen haben. Stellen Sie sich vor, wie diese Pläne von der Energie und dem Licht der Sonne durchflutet werden. Bitten Sie jetzt Großvater Feuer, sich dieser Projekte anzunehmen und Ihnen die Energie zu geben, die Sie zur bestmöglichen Erfüllung brauchen.

Danken Sie am Ende der Feuerenergie für ihre Hilfe.

Gestatten Sie mir eine Bemerkung: Bitten Sie nicht um die exakte Erfüllung konkreter Visionen, denn meistens sind unsere Pläne aus unserem momentanen Bewußtseinsstand entstanden und werden den längerfristigen Entwicklungen unseres Lebens nicht gerecht. Oder, wie es einer meiner geistigen Lehrer, Maharaji, einmal ausdrückte: "Versteife dich nicht zu sehr auf die Erfüllung eines konkreten Wunsches, denn er wird dir mit Sicherheit erfüllt werden. Und hinterher mußt du mit den Konsequenzen leben."

Nach meiner Erfahrung macht es mehr Sinn, sich den Energien anzuvertrauen und lediglich um Gesundheit in körperlicher, seelischer und geistiger Hinsicht zu bitten und dafür, daß wir erkennen, was unsere jeweilige momentane Lernerfahrung ist. Es ist meine Erfahrung und die der meisten meiner Seminarteilnehmer, daß die Wirklichkeit bisher immer die kühnsten Träume an Schönheit und Reichtum übertroffen hat.

Feuer/Kerzen-Meditation

Sollten Sie nicht die Möglichkeit haben, einen Ort in der Natur aufzusuchen, um die Zweite Meditation durchzuführen, können Sie auch ein Kaminfeuer oder eine brennende Kerze zu Hilfe nehmen.

Dabei verfahren Sie in gleicher Weise wie oben: Sie sammeln sich, indem Sie tief ein- und ausatmen. Sie danken der Feuerenergie und beginnen dann, die Energie in sich aufzunehmen, indem Sie die Wärme spüren und den Schein des Feuers bzw. der Kerze mit halbgeöffneten Augen betrachten. Mit jedem Einatmen spüren Sie die Energie des Lichts in sich einstrahlen und mit jedem Ausatmen geben Sie Ihre Körperwärme ab.

Nachdem Sie sich auf diese Weise mit der Feuerenergie verbunden haben, können Sie ihr Ihre Ziele und Pläne anvertrauen.

Danken Sie am Ende der Meditation Großvater Feuer für seine Hilfe.

Feuer zeigt den Weg

Wenn Sie in Ihrem Leben durch ein Phase der Orientierungslosigkeit gehen oder gegangen sind, ist die Feuermeditation besonders zu empfehlen. Sollten Sie sich in dieser
Phase befinden oder sie gerade hinter sich haben, rate ich
Ihnen, alle Pläne und Projekte auf losen Zetteln zu notieren,
die Ihnen durch den Kopf gehen - ob sie realistisch oder uto-
pisch sind, ob Sie sie weiter verfolgen wollen oder bereits
aufgegeben haben.

Nehmen Sie sich Zeit für diese Bestandsaufnahme. Ziehen
Sie Ihr Tagebuch zurate, denken Sie nach. Das kann nach
meiner Erfahrung Tage und Wochen dauern.

Machen Sie dann entweder im Haus am offenen Kamin oder
in der Natur an einer zugelassenen Feuerstelle ein Feuer.
Danken Sie der Feuerenergie, sammeln Sie sich durch Ihre
Atemtechnik und werfen Sie dann ihre Zettel - einen nach
dem anderen - ins Feuer. Lesen Sie jeden Zettel noch einmal,
bevor Sie ihn verbrennen und lassen sie das darauf notierte
Ziel, den Plan, das Projekt einfach gehen.
Vertrauen Sie alles dem Feuer an. Sie werden bereits
während des Rituals eine Erleichterung spüren.

Bitten Sie jetzt Großvater Feuer, Ihnen die Energie dafür zu
geben, genau das zu tun, was Ihrer Lebensbestimmung entspricht. Lassen Sie dabei bei jedem Ausatmen alle Erwartungen, Wünsche und Träume los. Vertrauen Sie sich mit
jedem Einatmen der Feuerenergie an.

Am Ende der Meditation danken Sie Großvater Feuer für
seine Hilfe.

Hier noch einige Zusatztips:

- Wenn Sie die Sonnenmeditation in Ihrem Urlaub in fremder Umgebung durchführen, vergessen Sie nicht, sich entsprechend vorzubereiten: Tragen Sie Sonnenschutzcreme auf, erkundigen Sie sich nach den Besonderheiten des Terrains. In Arizona zum Beispiel, wo ich die meisten Sonnenmeditationen durchführte, muß man gewärtig sein, daß sich Klapperschlangen bevorzugt in der Sonne aufhalten, in Kalifornien hatten wir Begegnungen mit Taranteln.
- Beachten Sie bei der Feuermeditation unbedingt die örtlichen Vorschriften. Fragen Sie Parkaufseher oder die örtliche Polizei, ob das Anlegen einer Feuerstelle erlaubt ist.
- Stellen Sie sicher, daß Ihr Feuer schnell zu löschen ist und sich nicht durch Wind auf die Umgebung ausbreiten kann.
- Wenn Sie über keinerlei Erfahrung im Anlegen von Feuerstellen verfügen, rate ich Ihnen davon ab.
- Vergessen Sie nie, der Feuerenergie zu danken.

In einem Kapitel über die Feuerenergie muß ich auch geistige Energien ansprechen, die in den Bereich des Spirituellen und Transzendenten übergreifen und daher sehr umstritten sind.

Gibt es 'geistige Helfer'? Wir sind gewohnt, diese Frage rasch als irrationalen Glauben wegzuwischen. Wenn wir jedoch die Kulturgeschichte der Menschheit betrachten, dann fällt auf, daß alle Religionen an die Existenz nichtmaterieller Wesen, das heißt: nicht-irdischer Wesen, glauben. Was sind diese Wesen? Wer sind sie? Was sollen wir uns unter diesem Begriff vorstellen? In den christlichen Kirchen werden diese Wesen als Engel bezeichnet. Hans-Dieter Leuenberger schreibt in dem bereits erwähnten und empfohlenen Buch 'Engelmächte':
Engel sind Bilder, in die der Mensch die als Wirklichkeit erfahrenen kosmischen Kräfte kleidet und die er mit einem Namen verknüpft. Bild und Name zusammengenommen

repräsentieren ... eine ganz spezifische Art dieser kosmischen Energie. Der Begriff Engel steht für kosmische Energie, und der Name sagt aus, in welcher Art und Weise diese kosmische Energie wirkt, das heißt, vom Menschen erfahren wird.

Sehen wir uns diese Definition einmal genauer an. Leuenberger sagt, die kosmischen Kräfte würden von den Menschen als Wirklichkeit erfahren. Dem ist aus kulturgeschichtlicher Sicht absolut zuzustimmen. Berichte von Energien und Kräften, die, weil sie jenseits des menschlichen Verständnisses liegen, nicht erklärt, aber erfahren wurden, finden sich in allen Kulturen der Erde. Da diese kosmischen Energien als Kräfte, die jenseits unserer rationalen Erfahrung stattfinden, erlebt werden, müssen wir sie mit Bildern beschreiben. Und dann müssen wir diesen Bildern Namen geben, da wir sonst nicht darüber kommunizieren könnten.

So gab zum Beispiel die christliche Kirche der Feuer-Energie den Namen Michael, der Wasser-Energie den Namen Gabriel, der Luft-Energie den Namen Ariel und der Erd-Energie den Namen Raphael. Mit diesen Namen waren, wie Leuenberger definiert, Bilder verknüpft, die wiedergeben, wie wir die betreffende Energie erfahren, besser: erspüren. Michael wird zum Beispiel mittels der in unserem Unterbewußtsein verankerten Bilder und deren emotioneller Energie ein Gefühl von Kraft und Selbstvertrauen auslösen.

Die kosmische Michaels-Energie wird also zuerst ans Unterbewußtsein gesendet, von dort in Bildersprache umgewandelt - der simplizierende Vergleich von Fernsehsender und Fernsehgerät kommt einem in den Sinn - und schließlich in die Verstandessprache (Namen) übersetzt. Dies erklärt im übrigen auch, warum Menschen eines Kulturkreises ein Grundverstehen, einen Konsensus miteinander teilen: sie haben dieselben unterbewußten Bilder. Soweit die Definition.

Wichtige Fragen bleiben jedoch offen. Zum Beispiel: Wer entscheidet, wann diese Energien gesendet werden? Wohin werden sie ausgestrahlt? Wie können sie empfangen werden? Die christliche Kirche sagt, Gott sei der Urheber dieser Energien, und wir können sie empfangen, wenn wir ihn darum bitten. Die indianische Spiritualität stimmt dieser Antwort zu, nur ist ihre Begrifflichkeit etwas klarer.

Gott ist für sie der 'Große Geist', will sagen: die Universal-Energie, die in allem ist und alles erschaffen hat. Ohne ihr ständiges Pulsieren gäbe es kein Leben, so wie unser Körper ohne das ständig fließende Blut oder das permanent schlagende Herz nicht leben könnte. Diese Universal-Energie differenziert sich für die unterschiedlichsten Zwecke: hier formt sie die Erde, dort erzeugt sie Luft, hier ist sie Wasser-Energie, dort strahlt sie Wärme aus. Die gesamte Schöpfung ist Manifestation und Materialisation dieser Energie.

Die Indianer glauben, die wichtigste Aufgabe des Menschen ist, in Einklang mit der Schöpfung zu leben und sie auf diese Weise als Ausdruck der Universal-Energie zu ehren (= Tate Topa, der indianische Weg). Nur wenn der Mensch auf diesem Pfad geht, kann er Hilfe von der universalen Energie erhoffen. Diese helfende Energie ist nach dem Glauben der Indianer im Übermaß vorhanden. Für jeden Menschen hat das Universum eine Reihe von Schutzenergien, die sogenannten 'Spirit Guides' (= geistige Helfer) bereitgestellt, die uns unseren Weg durch das Leben erleichtern sollen.

Ihre geistigen Helfer

Die geistigen Helfer sind Energien, die uns helfen zu heilen, zu erschaffen, zu lieben, uns für unseren Lebenskreis einzusetzen, ganz zu werden oder auch einfach, Dinge zu tun. Die Energie, die uns da geschickt wird, manifestiert sich, um für uns wahrnehmbar zu sein, in Gefühlen und Bildern. Meist erfahren wir zuerst ein äußerst intensives Gefühl, das dann innere Bilder in uns auslöst. Diese wiederum werden dann vom Verstand in begreifbare Begriffe übersetzt. Daher haben die meisten von uns Bilder ihrer geistigen Helfer, die unserer Erfahrung entsprechen: menschliche Figuren, wenn auch mit übermenschlichen Fähigkeiten.

Mein Spirit Guide, *Red Feather*, zum Beispiel wird von meinem Unterbewußtsein als ein etwa dreißigjähriger Schamane erfahren. Anfänglich habe ich diesen 'Bilder-Realismus' abgelehnt, da ich glaubte, ich solle mich auf die Energie-Übermittlung konzentrieren. Später erlebte ich jedoch, daß ein sehr realistisches Personifizieren der Führer - wie in meinem Fall - diesen Energietransfer sogar fördert, denn es sind die unterbewußten Bilder, die das Gefühl = Erfahren der Energie auslösen.

Wie können wir uns diesen Energien öffnen? Wie können wir mit unseren geistigen Helfern in Kontakt treten?

Meine indianischen Lehrer haben immer darauf hingewiesen, daß wir erst Körper, Verstand und Seele ins Gleichgewicht bringen sollen, bevor wir den Kontakt zu unseren geistigen Helfern herstellen. In Teil 1 habe ich Ihnen einfache Techniken vorgestellt, mit denen Sie diese Balance herstellen können.

Nachdem Sie diese Vorarbeit geleistet haben, empfehle ich Ihnen, in Ihrem nächsten Urlaub einen Kraftort aufzusuchen und dort, nachdem Sie sich auf den Ort und seine geistigen Helfer eingestellt haben, mit diesen Kontakt aufzunehmen. Die Energien eines Kraftortes werden Ihnen bei diesem Prozeß eine wirkungsvolle Hilfe sein.

Bitte nehmen Sie sich Zeit für diese 'Kontaktaufnahme'. Sie müssen mit den Energien des Ortes wirklich vertraut sein und sich vorher - am besten in einem fließenden Gewässer - von aller Negativität gereinigt und sich mit den Vier Elementen des Ortes verbunden haben. Sie sollten ferner die Universal-Energie darum bitten. Deswegen bestehen die Indianer auch auf der vorherigen Reinigung: es soll vermieden werden, negative Kräfte anzuziehen.

In indianischer Tradition habe ich folgendes Gebet ent-
wickelt, mit dem Sie die Universal-Energie anrufen und um
Schutz bitten können.

<u>Gebet zum Großen Geist</u>

Leben beginnt mit Energie,
Energie schafft Licht,
Licht schafft Wärme.

Alles Lebende ist Ausdruck dieser Energie.
Ich danke der Energie, und ich ehre sie. Und ich danke
meinem Geist, der aus dieser Energie geschaffen ist.

Ich bitte darum, Ausdruck dieser Energie zu sein:
Licht und Liebe.
Ich bitte darum, daß Licht und Liebe meinen Weg säumen.
Ich bitte darum, nur Licht und Liebe zu empfangen.

Zuerst bin ich im Licht. Dann ist das Licht in mir.
Und schließlich sind Licht und ich eins.

Ich preise dich, universale Energie,
Großer Geist
Wakan Tanka,
Taiowa,
Gott,
Allah,
Jahve,
Brahma.
Sei bei mir,
denn dein Geist und ich sind eins.

Vor den letzten beiden Zeilen des Gebets können Sie die
Namen, die Ihre Religion der Schöpferischen Kraft gibt,

einfügen. Sie erzeugen mit diesen Namen in sich ein religiöses (religo = Rückbinden an die Energie) Gefühl, eine weihevolle Schwingung, die Sie für die Kontaktaufnahme mit Ihren geistigen Helfern vorbereiten oder Sie in eine Erfahrung der Universal-Energie führen kann.

Ich empfehle Ihnen, das Gebet, falls Sie es verwenden wollen, vor Ihrer Kontaktaufnahme mit Ihren geistigen Helfern zu sprechen. Ich selbst bete dieses Gebet auch, bevor ich schreibe oder Seminare gebe. Es erzeugt stets eine besondere Energie in mir.

Sie sind jetzt gut vorbereitet: Sie sind gereinigt und haben Ihre Kraftstelle gefunden. Ihr Körper und Ihr Verstand sind entspannt. Sie sind durch die Erd- und die kosmischen Energien geschützt. Sie sind bereit, mit Ihren geistigen Helfern Kontakt aufzunehmen.

Meditation: Kontakt zu meinen geistigen Helfern

Achten Sie darauf, daß Sie völlig entspannt sind. Konzentrieren Sie sich für ein paar Augenblicke auf die Energie des Großen Geistes. Wenn es Ihnen hilft, sagen Sie geistig die Namen der göttlichen Energie auf. Spüren Sie die Schwingung in Ihnen.

Stellen Sie sich vor, daß Sie von weißem, gleißendem Licht umgeben sind. Spüren Sie die Wärme des Lichts in sich. Fühlen Sie sich darin beschützt und geborgen.

Sehen Sie vor Ihrem geistigen Auge, wie sich das Licht jetzt auf Ihre Umgebung ausbreitet, und während Sie geistig um sich herum blicken, werden Sie sich der Gegenwart einer liebenden Energie, eines liebenden Wesens bewußt. Konzentrieren Sie sich auf diese Energie, auf dieses Gefühl der Liebe, das Ihnen entgegenfließt. Wenn Bilder entstehen, lasssen Sie sie hochkommen. Schauen Sie sie sich an. Fühlen Sie sie. Wenn Sie keine Bilder sehen, werden Sie vermutlich intensiv fühlen.

Wenn Sie wollen, können Sie jetzt Fragen an diese Energie oder dieses Bild stellen, zum Beispiel: Wer bist du? Warum bist du hier? Bist du mein geistiger Helfer? Fragen Sie, was auch immer Sie fragen wollen, und akzeptieren Sie, was an Antworten kommt. Ich persönlich spüre lieber die Energie meiner Spirit Guides, statt Fragen zu stellen. Aber der Kontakt zu den geistigen Helfern ist ebenso individuell und von Mensch zu Mensch verschieden wie Ihr Helfer selbst. Am Ende Ihres Kontaktes danken Sie Ihrem Helfer und bitten ihn, von nun an mit Ihnen in Verbindung zu bleiben. Wie beim Traum empfehle ich Ihnen, alle Begegnungen in Ihrem Tagebuch festzuhalten.

Die Dritte Meditation

Die Erde ist das Fundament, auf dem wir leben. Sie versorgt uns mit Nahrung, Kleidung und Wohnung. Sie ist der physische Rahmen, in dem Leben erst möglich ist. Ihr entspricht beim Menschen der Körper. Er definiert unsere Existenz, ist die Materie, in der das psychische und geistige Leben stattfinden.

Wir alle spüren das instinktiv: Wenn wir krank sind, leiden wir seelisch. Wenn wir uns mit *Junk-Food* vollstopfen, funktioniert unser Körper nicht mehr. "Man ist, was man ißt," sagt der Volksmund.
Momentan erleben viele Menschen, wie das Immunsystem des Körpers nicht mehr in der Lage ist, Krankheiten abzuwehren, weil sie sich falsch ernähren, zu wenig bewegen und weil das Erdelement insgesamt gestört ist. "Ihr seid dabei, die Erde zugrunde zu richten", sagt EagleBear. "Ihr holzt die Wälder ab, zerstört den Lebensraum von Schwester Pflanze und Bruder Tier, laugt die Böden aus oder betoniert sie zu - und wundert euch, warum euer Erdelement, der Körper, leidet. Ihr habt die Achtung vor Mutter Erde verloren."

Sofortmaßnahmen sind dringend nötig. Ich habe im ersten Teil dieses Buches bereits auf die einfachen Schritte hingewiesen, die wir tun müssen, um ein Weiterleben auf diesem Planeten überhaupt zu gewährleisten. Umweltschutz und Wiederherstellen der Natur gehören ebenso dazu wie gesunde Ernährung und körperliche Aktivitäten. Was wir vor allem brauchen, ist, uns wieder mit dem Erdelement zu verbinden.

EagleBear: "Du kannst nur dich selbst und die Erde heilen, wenn du lernst, im Einklang mit Mutter Erde zu leben - wie es unsere Völker seit Jahrtausenden getan, jedoch seit der Ankunft des Weißen Mannes verlernt haben. Wenn du die Verbindung zu deiner Erdmutter hergestellt hast, dann wirst du sie automatisch achten. Denn du wirst es nicht übers Herz bringen, zu zerstören, was du liebst. Du wirst nicht den ausbeuten, der dich ernährt."

Die *Dritte Meditation* ist ein Schritt in diese Richtung. Sie hilft uns, Achtung vor Mutter Erde zurückzugewinnen, uns richtig zu ernähren und unseren Körper zu pflegen. Wie wir Urlaub brauchen, um uns zu regenerieren oder ein Kur, um wieder ganz gesund zu werden, so brauchen wir ab und zu einen Schub, um die Verbindung zur Erde zu festigen. Wir brauchen ein Mittel, mit dem wir uns erden, uns in Balance bringen können.
Dieses Mittel ist die *Dritte Meditation*. Sie tut uns besonders gut, wenn wir uns körperlich krank oder schlapp fühlen, wenn wir Ruhe und Entspannung brauchen.

Das Aufregende an dieser Meditation ist die Tatsache, daß Sie ihre Wirkung überall anders erleben können. Ich hatte in meinen Seminaren zahlreiche Teilnehmer, die mit uns an die unterschiedlichsten Orte reisten, weil sie jedesmal eine andere Erfahrung der Energien der Vier Elemente machten.

Sie können das selbst testen, wenn Sie die nachfolgende
Meditation an verschiedenen Plätzen durchführen. Jeder Ort
hat eine andere Schwingung, wie Sie bereits aus meinem
Exkurs über die Orte der Kraft wissen, die ich anläßlich der
Ersten Meditation erläutert habe. Mit der Zeit werden Sie
ein feines Gespür dafür entwickeln, welche Energie Ihnen
zum momentanen Zeitpunkt guttut.

Ich habe zum Beispiel für diese Erdmeditation einige Plätze
in der Nähe meines Wohnortes ausgewählt und kenne weitere an meinen Urlaubsorten. Meine Intuition sagt mir jedesmal, welcher Ort für mich zum betreffenden Zeitpunkt der
richtige ist.

Wichtig ist, daß Sie sich an dem von Ihnen ausgesuchten
Platz wohl und zu Hause fühlen. Nehmen Sie sich daher
Zeit, "Ihren" Platz zu finden. Wenn Sie an den Wochenen-
den in die Natur fahren, machen Sie es zu Ihrem Ziel, nach
geeigneten Orten Ausschau zu halten. Geben Sie sich nicht
damit zufrieden, daß es da oder dort eigentlich ganz schön
ist. Sie müssen in sich spüren: "Da gehöre ich hin." Dann
werden Sie automatisch eine Sehnsucht nach diesen Orten
entwickeln, die es Ihnen leicht macht, die *Dritte Meditation*
durchführen zu wollen, anstatt sie aus schlechtem Gewissen
heraus machen zu "müssen".

EagleBear: "Das trifft auf alle *Vier Meditationen* zu: Die
Magie des Ortes, das heißt: die Magie der Vier Elemente
wird dich verführen, eine Sehnsucht, ein Bedürfnis nach
diesen Momenten der Verbindung zu entwickeln. Es ist
jedesmal so, als würdest du nach Hause kommen und deine
Familie hat bereits auf dich gewartet."

Auf die Familie werde ich im Anschluß an die *Dritte
Meditation* noch kommen. Jetzt aber zum Ablauf:

94

Sie haben Ihren Platz gefunden. Danken Sie als erstes den Energien des Ortes, indem sie etwas Tabak oder Mehl und etwas Wasser auf den Boden streuen bzw. sprengen.

Setzen oder legen Sie sich auf die Erde. Schließen Sie die Augen. Atmen Sie ein paarmal tief ein und aus und spüren Sie dabei, wie sich eine Verbindung zu dem Ort einstellt.

Stellen Sie sich jetzt vor, wie Ihre Gliedmaßen wie Wurzeln in die Erde wachsen. Mit jedem Einatmen sehen und fühlen Sie sanfte, braune Erdenergie über Ihre Wurzeln in Sie einströmen. Mit jedem Ausatmen lassen Sie über Ihre Wurzeln alle Verspannungen, Schmerzen und körperlichen Beschwerden abfließen. Gleichzeitig fühlen Sie durch diesen Energiekreislauf, wie Sie Teil der Erde werden - wie die Pflanzen, die Sie umgeben.

Bitten Sie jetzt die Erdenergie, mit ihrem braunen Energiestrom Ihren Körper zu reinigen, und spüren Sie Dankbarkeit, während die warmen, sanften Ströme in Sie einfließen und Sie sich immer ruhiger und entspannter fühlen.

Wenn die Sonne scheint, können Sie jetzt als Mittler zwischen Erde und Kosmos, zwischen Mutter Erde und Großvater Feuer fungieren, indem Sie die gleißende Energie der Sonne über Ihren Scheitelpunkt in sich ein- und durch Ihren Körper hindurchströmen lassen und dann über Ihre Gliedmaßen in die Erde abgeben. Die aufsteigenden braunen Erdströme verbinden sich in Ihrem Körper mit den weißen Lichtströmen. Sie werden ein Gefühl der Leichtigkeit und des Schwebens spüren.

Verweilen Sie in diesem Zustand so lange, wie Sie wollen. Danken Sie dann beiden Energien und lassen Sie vor Ihrem geistigen Auge Ihre Umgebung entstehen. Atmen Sie einige

Male kräftig ein und aus und öffnen Sie Ihre Augen. Sie wer-
den sich wundern, wie schön die Natur jetzt aussieht und
wie gut Sie sich fühlen.

Eine Variante der Dritten Meditation ist die Baum-Meditati-
on.

Die Baum-Meditation

Suchen Sie sich dazu einen Baum, der Sie auf irgendweine
Weise anzieht. Danken Sie seiner Kraft mit Tabak/Mehl und
Wasser.
Stellen Sie sich dann vor ihn hin und umarmen Sie ihn.

Verfahren Sie jetzt wie in der obigen Meditation, wobei sie
Ihre Arme als Äste wahrnehmen, die den Energiefluß zwi-
schen dem Baum und Ihnen herstellen. Nach meiner Erfah-
rung ist der Energiestrom, der vom Baum auf Sie einströmt,
von grüner Farbe.

Entwickeln Sie ein Gefühl der Liebe und der Dankbarkeit
für Ihren Baum.

Fotografieren Sie ihn, wenn Sie möchten, und hängen Sie
das Bild über Ihrem Schreibtisch oder Ihrem Bett auf. Der
geistige Kontakt zwischen dem Baumbild und Ihnen wird
Ihnen immer dann helfen, wenn Sie die Kraft des Baumes
brauchen.

Hier noch einige Zusatztips:
- Wie auch bei den anderen Meditationen: Stellen Sie sicher,
daß Sie ungestört sind. Aber geraten Sie nicht in Panik,

96

wenn mal Leute vorbeigehen: Die allermeisten respektieren, daß wir allein sein wollen.

- Sie können diese Meditation auch mit den anderen drei kombinieren. Nach meiner Erfahrung ist es jedoch sinnvoller, sie - wenn möglich - an unterschiedlichen Tagen durchzuführen.

- Wenn während der Meditation Farben, Bilder oder Gedanken auftauchen: Lassen Sie sie zu und notieren Sie Ihre Erfahrungen später in Ihrem Tagebuch.

- Sie können die *Dritte Meditation* so oft durchführen, wie Sie wollen. Es gibt keine Nebenwirkungen.

- Vergessen Sie nie, Mutter Erde zu danken.

Zum Kapitel über das Erdelement gehört auch die Familie von Mutter Erde: Schwester Pflanze und Bruder Tier. Nach der indianischen Tradition sind Tiere und Pflanzen nicht nur unsere Ernährer und Versorger, sondern ihre Energien sind auch unsere größten Helfer. Wir müssen nur lernen, wie wir ihre Botschaften erkennen und verstehen.

Steine - Wie Sie ihre Botschaften empfangen können

Man muß kein Indianer sein, um zu verstehen, daß Felsen und Steine Lebewesen sind. Sie senden bestimmte Licht- und Ton-Frequenzen aus und haben eine Eigenvibration. Unsere Probleme, sie als lebende Wesen zu verstehen, kommen daher, daß ihre Lebensdauer im Vergleich zu der unsrigen ewig zu sein scheint.

Die Wirkung der Steine auf uns kennen wir, selbst wenn wir noch nie eine persönliche Beziehung zu ihnen hatten. Aus dem Geschichtsunterricht ist uns bekannt, daß Könige und Kaiser sich stets mit Gold, Diamanten und anderen Edelsteinen schmückten - nicht etwa nur, weil es gut und teuer war, sondern weil sie von der Wirkung bestimmter Steine und

Edelsteine auf die physische und geistige Gesundheit wußten. Weil heutzutage viele von uns vor allem Klarheit im
Bewußtsein anstreben, sind besonders Quarzkristalle in
Mode. Ich selbst trage gern Schmuck der Navajos: Silber
mit Türkis. Nach der Erfahrung der Indianer im Südwesten
der USA regt Silber an, erhöht also die eigene Schwingungsfrequenz, und Türkis öffnet das Herz und erweckt die
Kreativität.

Auch Sie werden sich vermutlich zum einen oder anderen
Stein hingezogen fühlen. Vertrauen Sie ruhig diesen Gefühl:
Ihr Unterbewußtsein (= Ihr Herz = Ihre weibliche Seite)
weiß genau, welcher Stein für Sie gut ist. Sicherlich haben
Sie diese Erfahrung auch schon auf Wanderungen oder Spa-
ziergängen gemacht, wenn bestimmte Felsen oder Steine
Ihre Aufmerksamkeit erregt haben. Hier gleich eine Bitte:
Wenn Sie sich zu einem Stein hingezogen fühlen, machen
Sie mit ihm die nachfolgende Meditation, aber lassen Sie
ihn bitte an seinem Platz. Dort, wo er liegt, ist sein Zuhause.
Respektieren Sie es so, wie Sie auch Ihr eigenes Heim
respektiert haben wollen.

Steine sind aber nicht nur Energie-, sondern auch Informati-
onsträger. Sie geben Antwort auf Fragen und dem Hilfesu-
chenden Rat. Bitte beachten Sie vor Beginn der folgenden
Meditationen, daß Sie in sich erst ein tiefes Gefühl des
Respekts für Bruder Stein entstehen lassen. Ohne diese
Achtung sind alle Versuche der Kommunikation sinnlos.

Meditation: Die Botschaft der Steine

*Wenn Sie wieder einmal in der freien Natur sind, dann
betrachten Sie aufmerksam die verschiedenen Steine, denen
Sie begegnen, bis ein bestimmter Stein Ihre Aufmerksamkeit
erregt. Folgen Sie diesem Gefühl.*

98

Setzen Sie sich vor den Stein und enstpannen Sie sich mit den üblichen tiefen Atemzügen. Danken Sie der Stein-Energie dafür, daß sie für Sie da ist, indem Sie etwas Wasser, Mehl und Tabak kreisförmig um den Stein herum auf die Erde sprenkeln, und bitten Sie sie anschließend, sie als Rageber befragen zu dürfen. Achten Sie auf die Antwort.
Ich habe schon erlebt, daß es Menschen plötzlich unwohl wurde, daß es zu regnen anfing, oder daß sie das Gefühl hatten, weitergehen zu müssen. Nehmen Sie diese Hinweise ernst, denn es kann sein, daß Sie noch weiter suchen müssen, um Ihren Stein zu finden. Wenn Sie keine negative Antwort erhalten, betrachten Sie den Stein genauer: seine Form, seine Farben, seine Muster. Berühren Sie den Stein und fühlen Sie seine Oberfläche.

Dann stellen Sie die Frage, um deren Beantwortung Sie Ihren Stein bitten. Betrachten Sie jetzt den Stein noch genauer. In den Linien und Schattierungen werden Sie eines oder mehrere Tier-, Pflanzen- oder Insektenformen oder gar Gesichter entdecken. Denken Sie nach, was diese Formen mit der Beantwortung Ihrer Frage zu tun haben.

Haben Sie das Gefühl, beim einseitigen Betrachten noch keine verständliche Antwort erhalten zu haben, können Sie nach der Tradition der Lakota-Sioux-Indianer auch den Stein umdrehen und den Prozeß wiederholen. Vergessen Sie nicht, den Stein am Ende der Übung wieder so hinzulegen, wie Sie ihn vorgefunden haben.

Andere schamanistische Traditionen lehren, den Geist des Steines aufzurufen und um Einsichten und Antworten zu bitten. Auch diese Praxis ist nach meiner Erfahrung sehr sinnvoll.

Danken Sie dem Stein und seiner Energie am Ende der Meditation für seine Hilfe und sprenkeln noch einmal etwas

Wasser und/oder Tabak und/oder Mehl auf den Boden.
Danach werden Sie die Energie des Steines noch in sich
spüren, auch wenn Sie sich bereits von ihm entfernt haben.

Die Energie der Felsen und Steine fühlt sich nach meinen
Erfahrungen auf der Gefühlsebene meist ähnlich an wie auf
der körperlichen Ebene das Ausgefülltsein, und die Kraft,
die wir nach einem guten und nahrhaften Essen verspüren.
Nach einem 'Gespräch' mit meinem Kraftstein bin ich stets
von Energie und Frische erfüllt.

Jeder Indianer hat einen Stein oder einen Kristall als Helfer.
Sie verkörpern die gebündelte Energie der Erde und helfen
dem Träger, sich zu erden und Energien zu sammeln. Kristalle werden häufig von Heilern verwendet. Aus diesem
Verständnis heraus bringen die Indianer den Steinen Ach-
tung und Verehrung entgegen.
Sie warnen uns, nicht achtlos Steine aufzusammeln, sondern
stets die Energien des Ortes um Erlaubnis zu bitten, da die
Steine vom jeweiligen Ort als Energie-Ausgleicher benötigt
werden. Sie empfehlen ferner, der Erde Wasser, Mehl und
Tabak als Dank zu geben.
Wenn Sie sich also von einem Stein angezogen fühlen, dann
halten Sie diese kleine Zeremonie ab. Fragen Sie dann den
Stein, welche Energie er Ihnen geben möchte und in welcher
Weise er Ihnen helfen kann. Meditieren Sie mit diesem Stein.
Ähnlich verhält es sich mit einem Kristall, den Sie kaufen.
Erwerben sie ihn nur, wenn Sie sich von ihm angezogen
fühlen. Legen Sie ihn dann für 24 Stunden in Salzwasser,
um ihn von allen äußeren Energien zu reinigen. Plazieren
Sie Ihren Kristall dann für einen Tag in die Sonne, damit er
sich mit kosmischer Energie aufladen kann.
Einige Schamanen empfehlen auch, den Kristall für 24
Stunden oder bis zu vier Tage lang in den Schnee oder in die
Gefriertruhe zu legen, da die niedrige Temperatur dem Kri-

stall helfe, verbrauchte Energie abzugeben. Ich bin mit meinen Erfahrungen mit Salz- oder Meerwasser durchaus zufrieden.

Programmieren der Kristallenergie

Nach dem Reinigen "programmieren" Sie Ihren Kristall: Halten Sie ihn in der Hand, wobei Sie seine Spitze nach oben richten, und danken Sie dem Geist des Kristalls dafür, daß er Ihnen helfen will. Fragen Sie ihn, ob er bestimmte Qualitäten aufweist, die Ihnen von Nutzen sein könnten. Warten Sie auf einen Gedankenblitz, ein Gefühl oder ein Zeichen.
Bringen Sie den Kristall dann zu Ihrer Brust über Ihrem Herzen und danken Sie ihm. Teilen Sie ihm nun mit, wofür Sie seine Hilfe brauchen und wozu Sie ihn verwenden möchten. Ich habe zum Beispiel einen Kristall fürs Schreiben, einen für meine Seminararbeit, einen für Therapie und einen zum Meditieren.

Wenn Sie an einen Kraftort fahren, dann nehmen Sie alle Steine und Kristalle mit, reinigen Sie sie und laden Sie sie mit der Energie des Kraftortes auf. In meinen Seminaren legen wir die auf diese Weise neu aufgeladenen Steine bei der Schlußmeditation in einem Kreis aus. Die Energie ist fühlbar.

Tiere - Wie sich ihre Kraft auf Sie übertragen läßt

Wenn wir in unserer westlichen Welt an Tiere denken, fallen uns als erstes unsere geliebten Haustiere ein. Aber unterschwellig lebt irgendwo in unserem kollektiven Unterbewußtsein die Erinnerung an die wilde Kraft von Tieren. Marketing und Werbung nutzen dieses unterschwellige Gefühl aus, indem sie Löwen und Tiger, Schlangen und

Krokodile als Symbole verwenden. Sportmannschaften, Autos - jeder, der Kraft verkörpern will, schmückt sich mit einem Tiernamen. Sogar in unserer Sprache hat sich das Wissen um die Kraft der Tiere erhalten: Stark wie ein Löwe, schlau wie ein Fuchs, "Flink wie Windhunde" usw.

Für die Indianer ist diese Tatsache nichts Außergewöhnliches. EagleBear lacht: "Auch ihr könnt an der Natur und ihren Gewalten nicht vorbei, aber trotzdem seht ihr die wirkliche Begegnung der Tiere für uns Menschen nicht. Für euch sind sie nur Rohstofflieferanten. Für uns sind sie Wesen mit einer Seele. Tiere haben - wie die Steine - kraftvolle Energie, die sie uns anbieten. Das ist sozusagen der Geist (Spirit) des Tieres. Ihr seht immer nur den Körper eines Tieres, aber er gibt euch auch Energien für die Seele und den Geist. Ihr jedoch habt diesen Teil eurer Kraft aufgegeben, und darum seid ihr so verunsichert und schwach. Ihr habt den Kontakt zu eurem Krafttier verloren."

Aber wie können wir den Kontakt wieder aufnehmen? Und: Hilft es uns im täglichen Leben?

EagleBear: "Laß mich dir zunächst einmal ein paar Bereiche aufführen, in denen mir meine Krafttiere - wir haben ja nicht nur eines, so wie wir ja auch nicht nur einen Menschen allein kennen - im täglichen Leben geholfen haben: Wenn ich Energie für meine Seminare und Vorträge brauche; wenn ich ein neues Projekt beginne; wenn ich mich mit dem Auto verfahren, meinen Schlüssel verloren oder die Telefonnummer eines Freundes vergessen habe; wenn ich mit meinen Stammesältesten oder meiner Familie (EagleBear hat 16 verwaiste Kinder adoptiert) zusammentreffe; wenn ich mich vor Krankheiten schützen will; wenn ich auf Reisen bin, usw. Kurz: Sie helfen mir überall, weil sie meine Schutzgeister sind. Und sie sind deswegen so mächtig, weil jeder Bär in sich den Geist des Großen Bären trägt, und jeder Adler den Geist des Großen Adlers - so wie wir den Geist des Großen Geistes (Great Spirit) in uns haben.

Jetzt zu deiner Frage: Wie können wir mit dem Geist des Tieres in Kontakt treten?
Das ist typisch westlich gefragt. Ihr wollt immer 'machen'. Das geht in der Natur aber nicht. Dein Krafttier wendet sich an dich, nicht umgekehrt. Es taucht plötzlich in einem Traum auf oder in einer Vision. Das einzige, was du tun kannst, ist, dich bereit zu machen, dich zu öffnen. Dabei mußt du wissen, daß dieser Kontakt zu einer Beziehung führen kann. Dann mußt du - wie wir Indianer es tun - dem Geist des Tieres Achtung und Ehrerbietung entgegenbringen, und es wird dir dafür Führung und Beistand versprechen. Das ist kein nettes kleines Partyspielchen, sondern eine echte Beziehung. Natürlich kannst du auch dein Krafttier in einer Meditation einladen. Aber erwarte nicht gleich beim ersten Mal eine Konferenz der Tiere."

In unseren gemeinsamen Seminaren halten EagleBear und ich zwei Meditationen, die eine solche Einladung an das Krafttier darstellen. Ich stelle Ihnen beide Übungen hier vor.

Meditation: Mein Tier der Kraft

Setzen oder legen Sie sich bequem hin. Schließen Sie die Augen und entspannen Sie sich. Stellen Sie sich nun eine Landschaft vor. Bleiben Sie bei der ersten Form, die Sie auf Ihrer geistigen Leinwand sehen. Es ist völlig unwichtig, ob Sie sich am Meer, in der Wüste, auf dem flachen Land oder im Gebirge sehen.

Nehmen Sie die Quelle hellen, gleißenden Lichts über sich wahr. Spüren Sie, wie sich das weiße Licht über Sie ergießt und Sie wie einen Schutzmantel umhüllt. Sie sind jetzt sicher und geborgen, ruhig und entspannt. Nichts und niemand kann Ihnen etwas antun. Aus dieser gesicherten Position heraus schauen Sie sich die Landschaft an. Lassen Sie jetzt das geistige Bild eines Tieres in sich entstehen. Lassen Sie es zu. Schauen Sie sich das Tier genau an. Spüren Sie seine Energie. Heißen Sie es willkommen. Wenn Angst in Ihnen hochsteigt, dann seien Sie sich Ihres Schutzes bewußt.

Es kann freilich auch sein, daß zunächst gar keine Begegnung stattfindet. Das zeigt, daß Sie noch an Ihrer Einstellung zu den Naturelementen und ihren geistigen Wesen arbeiten müssen. Wenn Ihnen ein Tier erscheint, dann bitte Sie es, Ihnen seine Qualitäten und Besonderheiten zu nennen. Dabei lernen Sie es kennen und erfahren eine Menge darüber, welche Eigenschaften Ihr Krafttier in Ihnen stärken kann. In späteren Meditationen können Sie dann natürlich auch Fragen über persönliche Probleme stellen oder allgemein um Hilfe bitten.

Es kann durchaus sein, daß Ihnen während der Meditation mehrere Tiere erscheinen. Verfahren Sie mit ihnen ebenso, machen Sie sich mit ihnen vertraut, lernen Sie von ihnen. Wenn Sie sich dann von ihnen verabschieden, danken Sie ihnen für ihre Hilfe und laden Sie sie ein, Sie weiter zu beschützen.

Nach der Meditation empfehle ich Ihnen, sich in Ihren Büchern und Bildern über die Tiere zu informieren, denen Sie begegnet sind. Machen Sie sie zum Teil Ihres Lebens und treten Sie mit ihnen in Kontakt, so oft es geht.

Ein noch besserer Weg, mit Ihren Krafttieren in Kontakt zu bleiben, ist die nachfolgende Meditation, die ich besonders all jenen empfehle, die Schwierigkeiten mit der bildlichen geistigen Vorstellung haben.

Meditation: Tanzen Sie Ihr Tier

Entspannen Sie sich und schließen Sie die Augen. Stellen Sie sich jetzt eines der Tiere vor, die Ihnen in der vorigen Meditation begegnet sind.
Fühlen Sie, wie Sie dieses Tier werden. Formen Sie Ihren Körper, als wären Sie dieses Tier und bewegen Sie sich wie dieses Tier. Ahmen Sie auch die Laute dieses Tieres nach. Spüren Sie die Energie des Tieres.

Sie haben die Kraft dieses Tieres in sich. Auch wenn Ihre Konzentration nachläßt und Sie wieder ins Tagesbewußtsein zurückkehren, können Sie die Kraft des Tieres noch in sich spüren. Sie können sie fortan immer einsetzen, wenn Sie sie brauchen. Danken Sie Ihrem Tier am Ende der Übung.

Mit diesen beiden Meditationen schaffen Sie die Grundlage für die Begegnung mit Ihren Krafttieren und damit für die Stärkung Ihres Wesens. Mit der Kraft und Energie dieser Geist-Tiere schaffen Sie zugleich eine innere Balance, die Ihnen erlaubt, alle Teile Ihrer Persönlichkeit auszudrücken und zu leben.

Pflanzen - Wie man sie als Medizin einsetzen kann

In diesem Abschnitt gehe ich nicht auf die lange Tradition der Indianer und anderer Naturvölker ein, in der Medizinleute und Schamanen Pflanzen jedweder Art als Heilkräuter und -essenzen verwendet haben. So reinigt bei den Indianern der Medizinmann einen Platz oder einen Raum vor der Zusammenkunft von Menschen, aber auch einen einzelnen oder mehrere vor einer Heilung oder einer Zeremonie mit dem Rauch von getrocknetem Salbei. Aber derlei Fachwissen gehört nicht hierher. Um mit diesen Energien richtig umgehen zu können, bedarf es langer Ausbildung und ausreichender Erfahrung.

Hier geht es um die Kraft der Pflanzen als Informationsträger, als Berater und Helfer, also eigentlich doch - zumindest im indianischen Sinne - um Medizin, nämlich um das, was heil macht. Wie Steine und Tiere sind es die geistigen Energien der Pflanzen, mit denen wir kommunizieren, von denen wir Kraft erhalten können.

Machen Sie dazu einmal folgende Meditation. Bedenken Sie dabei jedoch: nicht Sie suchen Ihre Pflanze, sondern Ihre Pflanze findet Sie. Sie wird Ihnen also ein Signal geben. Nach meiner Erfahrung übt 'unsere' Pflanze einfach eine starke Anziehungskraft aus. Wir fühlen uns zu ihr hingezogen.

Meditation: Meine Pflanze der Kraft

Gehen Sie in die freie Natur zu einem Platz, an dem Sie sich wohl und geborgen fühlen. Setzen oder legen Sie sich bequem hin. Schließen Sie die Augen. Entspannen Sie sich. Danken Sie der Erdenergie. Bitten Sie nun die Schutzgeister Ihres Platzes um Hilfe, Ihnen den Weg zu Ihrer Pflanze zu zeigen.

Stehen Sie dann auf und gehen los, bis Sie sich von einer Pflanze angezogen fühlen. Setzen Sie sich vor sie hin. Sprenkeln Sie als Zeichen der Ehrerbietung und des Dankes etwas Wasser, Mehl und Tabak um sie herum und beginnen Sie, sie genau zu studieren. Achten Sie auf alles, was Ihnen während Ihrer Betrachtung auf- und einfällt. Nehmen Sie sich viel Zeit dafür. Erforschen Sie die Pflanze mit Ihren fünf Sinnen und Ihrem Gefühl.

Schließen Sie jetzt die Augen. Sehen oder fühlen Sie die Pflanze vor Ihrer geistigen Leinwand. Senden Sie Gefühle der Zuneigung und Liebe zu diesem Bild, zu dieser Pflanze aus. Nehmen Sie die Gefühle und Gedanken wahr, die jetzt auf Sie einströmen. Wenn Sie diese Meditation öfter wider-

holen, kann es sein, daß die Pflanze ihre Form ändert, um Ihnen damit eine Botschaft zu übermitteln. Nachdem Sie der Pflanze gedankt und die Meditation beendet haben, schreiben Sie alle Eindrücke in Ihr Journal oder Tagebuch.

Wie bei den Steinen und Tieren werden Sie bei häufigem Wiederholen dieser Meditation verschiedenen Pflanzen begegnen. Jede hat Kraft und Botschaften für Sie. Je genauer Sie hinsehen, desto deutlicher verstehen Sie ihre Antworten. Nach einiger Zeit werden Sie feststellen, daß Sie Antworten erhalten zu Fragen, die Ihnen momentan im Kopf herumgehen, aber die Sie noch gar nicht richtig formulieren konnten. Diese Antworten kommen meist völlig unerwartet: Plötzlich fliegt ein Schwarm Wildgänse vorbei und macht Ihnen klar, daß Sie im jetzigen Moment nur mit Fröhlichkeit und Energie weiterkommen. Oder auf einmal läuft Ihnen ein Eichhörnchen über den Weg, als Sie sich gerade überlegten, ob Sie alles riskieren oder lieber etwas bedächtiger, Schritt für Schritt, vorgehen sollten. Und da Sie schon in den Meditationen erfahren sind, werden Sie auch automatisch die geistige Energie dieser Tiere und Pflanzen in sich aufnehmen. Daß Sie Ihre Aufgaben dann viel leichter lösen können, ist für Sie keine Zauberei mehr. Ihre Verbindung zu den Elementen und ihren Geistwesen wird für Sie zur täglichen Praxis werden. Sie werden sich ausgeglichener fühlen als je zuvor.

Indianische Erdmagie, lange als Aberglaube oder Zauberei abgetan, eröffnet sich jedem, der sich selbst dafür öffnet. Die Auswirkungen der Meditationen in diesem Kapitel werden Ihnen das sicher im Laufe der Zeit bestätigen.

Die Vierte Meditation

Das Luft-Element versorgt alles, was lebt, mit dem lebensnotwendigen Sauerstoff. Aus diesem Grund erregt die Luftverschmutzung die Öffentlichkeit mehr als die Verseuchung der anderen drei Elemente. Wenn die Luft verpestet ist, sterben die Wälder, leiden die Pflanzen, wird die Ozon-Schutzschicht der Erde zerstört.

Wenn das Luft-Element beim Menschen aus dem Gleichgewicht geraten ist, leiden seine physische, psychische und geistige Gesundheit. Kein Wunder also, daß in allen Gedankenschulen der Welt der Atem eine zentrale Rolle spielt - in der Vergangenheit wie in der Gegenwart. Damals wie heute gilt der Atem als Träger der menschlichen Gesundheit. Dazu einige Beispiele:

- Atemübungen werden eingesetzt, wenn Traumata und Hemmungen aus der Kindheit aufgearbeitet werden müssen, weil sie oft mit Atemstörungen einhergehen.
- Natürliche Atmung wird gelehrt, um Instinkte, Lernverhalten und Spontaneität zu wecken.
- Entspannungsatmen wird von Menschen mit Stress- und Angstzuständen geübt.
- Richtiges und ruhiges Atmen wird zur Heilung von Liebeskummer und emotionalen Blockaden eingesetzt.
- Sogar körperliche Krankheiten wie Erkältungen, Asthma, Herz-Kreislaufbeschwerden und Krebs werden durch Atemschulung behandelt.
- Durch das Lernen bewußter Sauerstoffaufnahme werden geistige Leistungsfähigkeit und klares Denken gefördert.
- Atem-Meditationen werden zur Bewußtseinserweiterung und spirituellen Entwicklung durchgeführt.
- Mit bestimmten Atemtechniken werden sexuelle Hemmungen abgebaut und die Orgasmusfähigkeit gesteigert.
- Haltung, Selbstvertrauen und persönliche Stärke werden durch Kraftatmung verbessert.

Der Atem ist wohl das universellste und universale Heilmittel. Trotz dieser Tatsache atmen die meisten von uns falsch. Das heißt: Durch Unwissen und falsche Atemgewohnheiten entziehen wir uns die wichtigste (und kostenlose) Energiequelle, über die wir verfügen. Daß wir zu wenig über die richtigen Atemtechniken wissen, liegt nach meiner Meinung auch daran, daß die fernöstlichen Atemschulen aus dem Atmen eine eigene Wissenschaft und viele der spirituellen Schulen daraus eine komplizierte Geheimwissenschaft gemacht haben.

Nach dem Motto: *Je mehr Mystik, desto besser* werden viele Sucher durch genau festgeschriebene Regeln abgeschreckt. Hinzu kommt, daß es über diese diffizilen Atemtechniken inzwischen so viele Bücher gibt, daß man damit allein eine ganze Bibliothek füllen könnte. Die Folge: Statt zu helfen, wird Verwirrung gestiftet. Was dann ja auch mehr Sinn macht, denn eine einfache Atemtechnik, wie sie zum Beispiel die Indianer empfehlen, sichert keine langwierigen Seminare, füllt keine Bücher, kurz: ist finanziell nicht lukrativ.

Die indianischen Schamanen geben ihre Hilfestellungen kostenlos, lediglich die organisatorischen Kosten werden mit Hilfe von freiwilligen Spenden getragen. Und die Indianer lehren einfache, von jedem nachzuvollziehbarende Techniken.

EagleBear: "Die Vier Elemente sind für alle Lebewesen in gleicher Weise da. Du kannst durch noch so komplizierte Techniken nicht mehr für dich herausholen als der, der die Vier Elemente achtet und sich mit ihnen verbindet. Worauf es ankommt, ist die Reinheit deiner Absicht."

Die Indianer hielten ihre Lehren über Jahrhunderte in ihren eigenen Reihen, bis ihre Stammesältesten vor etwa zwanzig

Jahren im Angesicht der immer weiter fortschreitenden Zerstörung der Umwelt beschlossen, das indianische Wissen zu verbreiten. Lehrer wie Sun Bear, EagleBear und viele andere bemühen sich seitdem, die westliche Zivilisation von ihrem Irrweg abzubringen und sie wieder die Achtung vor den Vier Elementen zu lehren.

Die *Vier Übungen* sind ein erster Schritt in diese Richtung. Die *Vier Meditationen* sind ein zweiter Schritt, denn indem wir uns mit den Elementen verbinden, bauen wir eine Beziehung der Achtung und des Vertrauens auf:
So wie wir es nicht mehr übers Herz bringen, das Wasser zu verseuchen, wenn wir einmal begonnen haben, Großmutter Wasser als unsere Helferin und Energiespenderin zu erfahren; so wie wir aufhören, unnötig Energie zu erzeugen und zu verschwenden, wenn wir mit Großvater Feuer in täglichem Kontakt stehen; so wie wir aufhören, die Natur zu zerstören, sobald wir unsere Liebe zu Mutter Erde entdeckt haben - so achten wir auch darauf, nicht weiter die Luft zu verpesten, wenn wir die Kraft von Vater Luft erleben.

Die *Vierte Übung* hat uns eine erste Erfahrung davon vermittelt. Sie erinnern sich: Ich hatte empfohlen, die Luftübung am besten während einer körperlichen Bewegung (Gehen, Joggen, Radfahren) im Freien durchzuführen. Das Gleiche gilt auch für die *Vierte Meditation*, mit der Sie die Erfahrung des Luftelements intensivieren können.

Bevor wir zur Beschreibung der *Vierten Meditation* kommen, möchte ich noch zwei Techniken erläutern, die die Erfahrung während der Meditation verstärken: Die indianische Atemtechnik und den sogenannten Indianer-Schritt.

Indianisches Atmen

Aus dem oben Beschriebenen geht klar hervor, daß die Indianer bemüht sind, einfache, nachvollziehbare Techniken zu vermitteln -besonders wenn es ums richtige Atmen geht.

Wie immer in der indianischen Tradition beruht die Technik auf der Zahl Vier. Das heißt: Vier tiefe Atemzüge genügen, um sich in einen Zustand der Entspannung und geistigen Aufnahmebereitschaft zu versetzen.

1. Schritt:
Lockern Sie Ihre Muskeln am ganzen Körper und atmen Sie langsam durch den Mund aus, bis Ihre Lunge leer ist. Sie können die Bewußtheit verstärken, wenn Sie beim Ausatmen bewußt die Luft herausblasen, als wollten Sie das Geräusch des Windes imitieren. Zählen Sie dabei langsam im Geiste bis vier.

2. Schritt:
Atmen Sie dann tief durch Nase oder Mund (je nachdem, was sich besser für Sie anfühlt) ein und ziehen Sie die Luft bis in den Bauch hinunter, wobei Sie wiederum langsam bis Vier zählen.

3. Schritt:
Halten Sie den Atem an und zählen Sie dabei wiederum bis Vier. Bleiben Sie dabei dabei.

4. Schritt:
Atmen Sie jetzt langsam durch den Mund aus, wobei Sie wie beim ersten Schritt ein Geräusch machen sollten, um sich des Ausatmens ganz bewußt zu sein. Leeren Sie Ihre Lungenflügel.

Wenn Sie viermal in diesem Rhythmus ein- und ausatmen, werden Sie spüren, wie Sie sich entspannt haben. Sie können jetzt mit einer der Vier Übungen oder der Vier Meditationen beginnen. Sie können diese Atemtechnik aber auch immer dann anwenden, wenn Sie Entspannung brauchen, sich konzentrieren wollen etc..

Indianisches Gehen

Jede Handlung, die wir tun, wird transformiert, wenn wir sie bewußt tun. Das gilt auch für das Gehen. Ich habe in meinem Leben und in meinen Seminaren die Erfahrung gemacht, daß der sogenannte "Indianer-Schritt" auch bei größtem Erschöpfungszustand ungeahnte Kräfte mobilisieren kann. Dabei ist er nichts anderes als ein Fokussieren des Verstandes auf die Vier Elemente.

Und so einfach geht es: Sagen Sie im Geiste, während Sie mit dem linken Fuß auftreten "Erde", dann, wenn Sie den rechten Fuß auf den Boden aufsetzen, "Luft", beim nächsten Auftreten "Feuer" und dann wieder beim Berühren des Bodens mit dem rechten Fuß "Wasser".

Erde, Luft, Feuer, Wasser - oder wenn es Ihnen wie mir leichter in den Kopf geht: Earth, Wind, Fire, Water - ist dann wie ein Mantra, während Sie immer leichter und lockerer weitergehen. Ich erinnere mich noch gut an eine Wanderung mit Seminarteilnehmern durch den Canyon de Chelly in Arizona, als einige schon erschöpft waren, und ich sie bat, einfach bewußt zu gehen und dabei das Mantra im Geiste aufzusagen. Wir erreichten alle problemlos unser Ziel.

Sie wissen, wie Sie richtig atmen. Sie haben eine Technik erfahren, wenn Sie bewußt gehen wollen. Jetzt möchte ich Ihnen zeigen, wie Sie Ihren Verstand reinigen und Ihren Kopf klar bekommen. Darum geht es in der *Vierten Meditation*.

Wie bei den drei anderen Meditationen empfehle ich Ihnen, dafür in die Natur zu gehen, am besten an einem Tag, an dem ein kräftiger Wind bläst. Auch hier sollten Sie einen Ort auswählen, der sich gut für Sie anfühlt und an dem Sie möglichst ungestört sind.

Als Vorbereitung empfehle ich Ihnen, mit Hilfe von Notizzetteln oder, noch besser Ihrem Tagebuch, eine Bestandsaufnahme Ihrer Gedanken, Anschauungen und Lebensgewohnheiten zu machen. Als hilfreich hat sich dabei für mich folgende Liste erwiesen, die ich Sie bitte, immer wieder - etwa im Abstand von sechs Monaten - auszufüllen.

Bereich	Alte Anschauung	Neue Anschauung
Geld		
Körper		
Arbeit		
Wer bin ich		
Das andere Geschlecht		
Was ist meine Lebens-aufgabe		

Um Ihnen ein (mein) Beispiel zu geben:

Bereich	Alte Anschauung	Neue Anschauung
Geld	Verdirbt den Charakter.	Hilft mir auf meinem Lebensweg
Körper	Ein Instrument des Verstandes.	Mein Haus für Verstand, Seele und Geist.
Arbeit	Eine stapaziöse Notwendigkeit.	Ausdruck meiner Schaffenskraft.
Wer bin ich	Nicht gut, klug und schön genug.	Ein einzigartiger Teil d. Schöpfung
Das andere Geschlecht	Behindert die freie Selbstentfaltung.	Fördert und bereichert das Selbst.
Was ist meine Lebensaufgabe	Erfolgreich und anerkannt zu sein.	Zu erkennen und zu verstehen.

Bitte nehmen Sie sich für diese Liste Zeit. Machen Sie eine mentale Bestandsaufnahme Ihrer Lebensanschauungen. Schreiben Sie mit Bleistift, damit Sie die Liste immer wieder von Zeit zu Zeit durchgehen können. Radieren Sie Ihre alten Anschauungen nach jeder Bestandsaufnahme aus. Im täglichen Leben werden Ihnen dann die Situationen auffallen, in denen sich Ihre alten Anschauungen zu Wort melden. Aber da Sie sich jetzt dessen bewußt sind, werden Sie ohne Probleme gemäß Ihrer neuen Anschauung leben können. Sie werden beobachten, wie Ihre alten Vorstellungen immer weniger Ihr Leben beeinflussen.

Überprüfen Sie Ihre Gewohnheiten, ob sie tatsächlich sinnvoll sind. Füllen Sie die folgende Liste aus:

- Wie lange schlafe ich im Durchschnitt?
- Was esse ich und wann?
- Welche Kleidung trage ich?
- Wie teile ich meinen Tag ein?
- Wie verbringe ich meine Freizeit?
- Wie verhalte ich mich gegenüber anderen?

Beobachten Sie sich selbst, nachdem Sie diese Liste ausgefüllt haben. Urteilen Sie nicht, sondern betrachten Sie nur Ihre Gewohnheiten im täglichen Leben. Sind diese Gewohnheiten Ihrem Lebensstil angemessen?
Ich fand bei dieser Übung heraus, daß ich viele meiner Lebensgewohnheiten seit Jahren beibehalten hatte, obwohl sich mein Leben grundlegend verändert hatte. So fand ich durch Beobachtung zum Beispiel heraus, daß ich statt mit acht durchaus mit sieben oder sechs Stunden Schlaf pro Nacht auskommen konnte. Daß meine Ernährung nicht mehr meinem veränderten Bewußtseinsstand (siehe Teil I) entsprach. Daß ich nicht mehr mit meinem Kleidungsstil zufrieden war. Daß die Zeiteinteilung nicht mit meiner inneren Uhr übereinstimmte: statt am Morgen Höchstleistungen von mir zu erwarten, akzeptiere ich jetzt, daß meine beste Schaffensphase am späten Nachmittag ist. Daß sich meine Hobbys verändert hatten: statt wie früher meine Freizeit eher passiv mit Fernsehen, Theater, Kino und Veranstaltungen zu verbringen, gehe ich jetzt in die Natur oder treibe Sport. Daß ich gegenüber anderen nicht mehr vorsichtig und zurückhaltend zu sein brauche, sondern ihnen offen begegnen kann.
Überlegen Sie sich Alternativen zu Ihren bisherigen Gewohnheiten. Machen Sie sich klar, daß viele dieser Verhaltensweisen durchaus veränderbar sind. Und daß die alten Gewohnheiten oftmals wie eine Zwangsjacke freien Selbstausdruck und neue Erfahrungen verhindern.

Sie werden feststellen, wie heilsam es ist, seinen Verstand von Altem zu entrümpeln und Platz für Neues zu schaffen. Ähnliches haben Sie ja bereits in der *Ersten Meditation* erfahren, bei der es um das Loslassen negativer Gefühle geht.

Nachdem Sie sich auf diese Weise vorbereitet haben, sind Sie bereit für die *Vierte Meditation*.

Sie sind in der Natur, an dem von Ihnen ausgewählten Ort. Sie haben Ihre gedankliche Vorbereitungsarbeit geleistet. Sie haben sich mit vier tiefen Atemzügen entspannt und bereitgemacht. Sie haben den Energien des Ortes mit Mehl/Tabak und Wasser gedankt.

Fühlen Sie, während Sie gehen, bei jedem Einatmen den frischen Wind in sich einströmen.

Wenn Sie wollen, stellen Sie sich im Geist vor, Ihr Kopf sei ein Haus, bei dem alle Fenster und Türen offen sind. Beobachten Sie, wie der Wind die Notizzettel, auf denen Sie Ihre Bestandsaufnahme notiert haben, davonweht. Oder stellen Sie sich vor, wie der Wind den Staub Ihrer verstaubten Gedanken davonbläst.

Mit jedem Ausatmen blasen Sie Ihre alten Gedanken und Gewohnheiten in den Wind.

Und mit jedem Einatmen spüren Sie, wie die Wind-Energie Sie mit Klarheit und Frische anfüllt.

Wenn Sie den Prozeß verstärken wollen, denken Sie an einzelne Gedanken, Anschauungen und Gewohnheiten, deren Veränderung Ihnen besonders am Herzen liegt, und geben Sie sie bewußt Vater Wind anheim.

Danken Sie dem Wind-Element für seine Hilfe.

Sie werden feststellen, daß diese Meditation Wunder wirkt - besonders deswegen, weil wir in unserer Gesellschaft ständig mit dem Verstand arbeiten müssen. Gerade unser Verstand braucht daher diese Kur.

Hier noch einige Zusatztips:

- Sie können diese Meditation so oft durchführen, wie Sie wollen. Es besteht keine Gefahr der Überdosierung.

- In den Bergen und am Meer ist die Luft-Meditation besonders wirksam, was natürlich auch an der Ionisation der Luft liegt (siehe meine Ausführungen zu den "Orten der Kraft").

- Machen Sie die Meditation besonders dann, wenn Sie gedankliche Klarheit brauchen, z. B. vor einem neuen Projekt, einem beruflichen Wechsel oder einer Neuorientierung in Ihrem Leben.

- Nehmen Sie sich Zeit dafür und schreiben Sie Ideen und Gedanken, die Sie während und nach der Meditation haben, in Ihr Tagebuch.

- Vergessen Sie nie, Vater Luft für seine Hilfe zu danken.

SCHLUSSGEDANKEN

Sie wissen jetzt, wie Sie Ihr tägliches Leben transformieren können: Mit den *Vier Übungen* erhalten Sie Ihre innere Balance zurück.

Sie wissen jetzt auch, wie Sie sich selbst eine Kur verschreiben können für Ihren Körper, Ihren Verstand, Ihre Seele und Ihren Geist.

Wenn Sie noch weiter in den indianischen Lebensweg einsteigen wollen, empfehle ich Ihnen meine beiden früheren Bücher *Tate Topa - Der Indianische Weg* und *Wiyo Ate - Der indianische Weg zum Neuen Mann*.

Durch die Erfahrungen mit meinen Seminarteilnehmern ist mir bewußt geworden, wie wichtig es ist, sich selbst Orte der Kraft und Heilung zu schaffen - zu Hause und in der Natur. Darum wird es in meinem nächsten Buch gehen. Das Rüstzeug für den Bau solcher Kraftplätze haben Sie bereits in diesem Buch erhalten. Nutzen Sie es.

Ich glaube, wir brauchen die Weisheit der Indianer um die bereits begonnene Umwälzung unserer Erde gesund und wohlbehalten zu überstehen. Unsere Erde und die Menschen, die auf ihr leben, brauchen jeden von uns, um den Prozeß der Zerstörung zu stoppen und in positive Energien umzuwandeln.

EagleBear: "Es kommt auf jeden einzelnen an. Beginne, die Vier Elemente zu achten! Nutze ihre Energien! Lehre deine Kinder! Begreife, daß wir alle: Menschen, Tiere, Pflanzen, die gesamte Schöpfung Brüder sind! Wir sind alle eins! Möge der Große Geist uns beistehen!"

ÜBER DEN AUTOR:

Peter Whiteheart ist seit zehn Jahren als Seminarleiter tätig. Seine weitreichenden internationalen Verpflichtungen haben ihm einen reichen Schatz an therapeutischen Techniken vermittelt, die er seit 1986 in seinen Seminaren an Orten der Kraft anwendet.

Peter hat nach seinem Studium der Geschichte, Literatur, Philosophie und Psychologie mit Heilern und Schamanen gearbeitet, so mit dem Stuttgarter Professor Johannes Sauter und dem Apache-Schamanen EagleBear in Arizona. Peter ist ausgebildeter Hypnose-Therapeut und Mitglied des 'American Council of Hypnotist Examiners', der 'Association for Research and Enlightenment' und der 'Association for Past Life Research and Therapy'. Er gehört der Fakultät der Greenwich University in Hawaii an. Peter ist derzeit der Direktor der 'Spiritual Seminars', einer von ihm gegründeten Organisation, die es sich zum Ziel gesetzt hat, den Seminarteilnehmern durch Symbolmeditation und Imagination die heilenden Energien der Erde zu erschließen. Erfüllung, Glück und innere Harmonie sind das Ergebnis dieser Rück-Bindung an Mutter Erde. Diese Seminare fanden bisher in Sedona/Arizona, am Canyon de Chelly/Arizona, in Maui/Hawaii, Oyai/Kalifornien, und in Joshua Tree/Kalifornien statt.

Seit 1992 veranstaltet Peter parallel zu seinen Workshops für amerikanische Teilnehmer auch Seminare, sogenannte 'Kraft-Tage', in Deutschland. Sein Ziel ist es, beide Gruppen in Zukunft zusammenzubringen. Die Sprache seiner Meditationen ist ohnehin international: Ritual und Imagination der Rück-Bindung zur Erde sind ein Erleben unseres Unterbewußtseins, und das kennt keine Sprachbarrieren.

BIBLIOGRAPHIE

Neben den im Text zitierten Büchern empfehle ich die folgenden Autoren und Werke zum Weiterstudium. Wenn Sie die Bücher kaufen sollten, fragen Sie immer nach der neuesten Taschenbuchausgabe, da manche Ausgaben überarbeitet sein können.

1) Indianisches Denken/Indianische Kultur:

- Sun Bear: Der Pfad der Kraft. Sein Weg, wie ihn Wabun und Barry Weinstock erzählt haben. München 1983.

- Sun Bear: Leben mit der Kraft. Ein Selbsthilfebuch für das Leben in der Wildnis. München 1988.
- Sun Bear und Wabun Wind: Die Erde liegt in unserer Hand. Eine Vision unseres Planeten. München 1990.

- Sun Bear/Wabun Wind/Crysalis Mulligan: Das Medizinrad Praxisbuch. Übungen zur Heilung der Erde. München 1993.

- Doug Boyd: Rolling Thunder. Erfahrungen mit einem Schamanen der neuen Indianerbewegung. München 1986.

- Schwarzer Hirsch: Die heilige Pfeife. Das indianische Weisheitsbuch der sieben geheimen Riten. Göttingen 1982.

- Rudolf Kaiser: The Voice of the Great Spirit. Prophecies of the Hopi Indians. Boston, London 1991.

- Kenneth Meadows: Das Naturhoroskop. Charakter- und Selbstbestimmung nach den Regeln alter Naturvölker. Das Wissen der Indianer und Schamanen von den Einflüssen der Erde auf unser Leben. Bern, München, Wien 1990.

- Mary Summer Rain: Earthway. Freiburg 1992.

- Allen C. Ross: Wakan Tanka. Im Herzen sind wir alle eins. Neuwied 1992.

- Ernest Thompson Seton: Das Manifest des Roten Mannes. München 1987.

- Ohne Verfasser: Der Heilige Baum. Ein indianisches Weisheitsbuch. Olten 1990.

- Frank Waters: Das Buch der Hopi. Köln 1980.

- Wabund Wind/Anderson Reed: Die Macht der Heiligen Steine. Kristallarbeit und Kristallwissen. München 1993.
- Peter Whiteheart: Tate Topa - Der indianische Weg. Neuwied 1992.
- Peter Whiteheart: Wiyo Ate. Der Indianische Weg zum Neuen Mann. Neuwied 1993.

- Peter Whiteheart/Robert F.Bartlett: Balanced Destiny. The Essentials for World Survival. Salt Lake City, Utah, 1993.

2) Schamanismus

- Jeanne Achterberg: Imagery and Healing: Shamanism and Modern Medicine. Boston 1985.

- Tom Brown Jr.: The Vision. The dramatic true story of one man's search for enlightenment. New York 1988.

- Gary Doore: Shaman's Path: Healing, Personal Growth and Empowerment. Boston 1988.

- Shaman's Drum: A Journal of Experiential Shamanism, (vierteljährlich), Berkeley, Kalifornien.

- Neville Drury: Elements of Shamanism. Longmead, Shaftesbury 1989.

- Neville Drury: Vision Quest. A personal journey through magic and shamanism. Dorset, Great Britain 1984.

- Mircea Eliade: Shamanism: Archaic Techniques of Ecstasy. New York 1964.

- Foundation for Shamanic Studies Newsletter, (vierteljährlich), Norwalk, Connecticut.

- Michael Harner: The Way of the Shaman. A Guide to Power and Healing, San Francisco 1980.
- John Heinerman: Spiritual Wisdom of the Native Americans. San Rafael, California 1989.

- Serge Kahili King: Der Stadt-Schamane. Eine Handbuch zur Transformation durch Huna, dem Urwissen der hawaiianischen Schamanen. Freiburg i.Br.1992.

- Max Freedom Long: The Secret Science at work. New Light on Prayer. Marina del Rey, California 1982.

- Max Freedom Long: Self-Suggestion. And the New Huna Theory of Mesmerism and Hypnosis. Vista, California 1958.

- Max Freedom Long: Growing into Light. Santa Monica, California 1955.

- Ed McGaa: Mother Earth Spirituality. Native American paths to healing ourselves and our world. San Francisco 1990.

- Thomas E. Mails: Secret Native American Pathways. A guide to inner peace. Tulsa, Oklahoma 1988.

- Kenneth Meadows: Das Netz der Kraft. Praktische Anleitungen zum Schamanismus in heutiger Zeit. München 1993.

- Shirley Nicholson. Shamanism: An Expanded View of Reality. Wheaton, Illinois 1987.

- Brad Steiger: Indian Medicine Power. West Chester, Pennsylvania 1984.

- Jose und Lena Stevens: Secrets of Shamanism. Tapping the Spirit Power within you. New York 1988.
- Paul Uccusic: Der Schamane in uns. Schamanismus als neue Selbsterfahrung, Hilfe und Heilung. München 1993.

- Peter Whiteheart: Tate Topa - Der indianische Weg. Neuwied 1992.

3) Erd-Bewußtsein/Erd-Wissen

- Nicholas R. Mann: Sedona - Sacred Earth. A guide to geomantic applications in the Red Rock Country. Prescott, Arizona 1989.

- Jens M. Möller: Geomantie in Mitteleuropa. Kraftlinien und Energiezentren in Süddeutschland. Freiburg 1988.

- Nigel Pennick: Earth Harmony. Siting and protecting your home - a practical and spiritual guide. London 1987.

- Nigel Pennick: The Ancient Science of Geomancy. Living in the harmony with the earth. London 1979.

- Elisabet Sahtouris: Gaia. The Human Journey from Chaos to Cosmos. New York 1989.

4) Orte der Kraft:

- Cynthia L. Corbett: Powertrips. Journeys to Sacred Sites as a Way of Transformation. Santa Fe, New Mexico 1988.

- Gisela Graichen: Das Kultplatzbuch. Ein Führer zu den alten Opferplätzen, Heiligtümern und Kultstätten in Deutschland. Hamburg 1988.
- Natasha Peterson: Nordamerika. Heilige Orte der Kraft. München 1989.

- James A. Swan: Sacred Places. How the living earth seeks our friendship. Santa Fe, New Mexico 1990.

Peter Whiteheart
Tate Topa - Der indianische Weg
Meditationen und Übungen zur Heilung von Mensch und Erde

Der indianische Weg ist mystisch, romantisch und voller Wunder!
Peter Whiteheart, weißer Bruder des Apacheschamanen Eagle Bear, zeigt, wie wir durch naturgemäße Ernährung, Meditationen zur Aufnahme von Erdenergie und Rituale mit den Vier Elementen den Weg zum inneren Gleichgewicht finden können.
Dieses Buch ist nicht nur empfehlenswert, sondern auch eine Lektüre für alle, die eine geistige Orientierung und Lebenshilfe suchen - und nicht nur Karl-May-Feeling. Jupiter

DM 19,— öS 148,— sfr 20,20 . 128 S. br.
ISBN 3-926374-26-8

Peter Whiteheart
Wiyo Ate - Der indianische Weg zum Neuen Mann

Der weiße Bruder hat vergessen, seine Männlichkeit natürlich zu leben. Daher stiftet er ständig Unfrieden und zerstört Mutter Erde. (Eagle Bear)
Wie kann Mann heute seine Rolle finden und seine Männlichkeit leben?
Peter Whiteheart ist auch hier dem indianischen Pfad gefolgt. 'Mann' lernt, ein neues gesundes Selbstverständnis und zu einer neuen natürlichen Begegnung mit seiner "anderen" Seite zu finden: der Frau.

DM 19,— öS 148,— sfr 20,20 . 128 S. br.
ISBN 3-926374-33-0

Allen Ross
Wakan Tanka - Im Herzen sind wir alle eins

'Der mit dem Wolf tanzt' zeigte die Kultur der Lakota Sioux. Jetzt enthüllt ein Lakota Autor die Mysterien der Riten und Bräuche der Indianer Nordamerikas. Er nimmt den Leser mit auf die Suche nach den kulturellen und spirituellen Parallelen des "roten und weißen Mannes", die ganz erstaunlich sind.
Das 'Roots' der Indianer Nordamerikas.

DM 29,— öS 219,— sfr 30,20 . 240 S. mit zahlr. Abb., br.
ISBN 3-926374-31-4

Denise Whitefeather Linn

Ein Kissen voller Träume

Träume sind Schäume - oder nicht?
Für die Cherokesin Denise Whitefeather Linn jedenfalls sind Träume Botschaften des
Unterbewußtseins.

In diesem Buch greift sie auf ihr indianisches Erbe und ihre zwanzigjährige Praxis als
schamanische Heilerin zurück, um bisher wenig Bekanntes über Träume zu vermitteln:

Der Mond im Traum   Farben, Zahlen, Symbole, Steine
Indianische Traumvision   Heilung im Traum
Traumjournal   Traumkissen und Traumschild
Astralreisen   Begegnung mit Ihrem *Dreamlover*
Traumlexikon...

Das Traumbuch einer nordamerikanischen Schamanin mit viel unbekanntem Wissen zu
Träumen.

304 Seiten, broschiert, DM 29,00, öS 226,-, sfr 30,20
ISBN 3-926374-37-3

Ilona Bergen

Das Heilpflanzen Horoskop

Astrologie und Heilkunde der weisen Frauen

Bei diesem Horoskop handelt es sich nicht um eine traditionelle Überlieferung, sondern
um eine Wiederentdeckung des alten Wissens um die Heilpflanzen. Hier verknüpfen
sich moderne Erkenntnisse der Astrologie und Heilkunde und die Weisheit des Mittelalters zu einer neuen Form der Sterndeutung.
Wie in der bekannten abendländischen Astrologie, teilt sich das Jahr in zwölf Zeichen
auf. Es handelt sich jedoch um Heilpflanzen und Kräuter, die sowohl den einzelnen
Menschen einfühlsam charakterisieren, wie auch wertvolle medizinische Hilfe anbieten.
Mit zahlreichen Abbildungen, Tips und Rezepten.

Reihe BewußtSein
128 Seiten, broschiert, DM 19,00, öS 148,-, sfr 20,20
ISBN 3-926374-35-7

Mara Ordemann

Esoterik auf einen Blick

Altes Wissen neu entdeckt

Kein Buch mit sieben Siegeln, sondern ein Lexikon mit über 400 Begriffen - von *Akas-
ha, Enneagramm* und *Inneres Kind* bis *Zweites Gesicht*, eine leicht verständliche Einführung in die Esoterik - sachlich, objektiv und aktuell!
Oder wissen Sie, was *Aura Soma* oder *11 : 11* ist? Schlagen Sie nach - auf den magi-
schen Seiten des Smaragd Verlags!

Reihe BewußtSein
128 Seiten, broschiert, DM 19,00,öS 148,-, sfr 20,20
ISBN 3-926374-39-X